ARY RENAN

GUSTAVE MOREAU

(1826-1898)

PARIS

GAZETTE DES BEAUX-ARTS

8, RUE FAVART, 8

À André Hallays

la bien affectueuse sympathie

Ary Renan

à corriger

GUSTAVE MOREAU

IL A ÉTÉ TIRÉ DE CET OUVRAGE :

10 EXEMPLAIRES SUR JAPON
500 EXEMPLAIRES SUR VÉLIN

ARY RENAN

GUSTAVE MOREAU

(1826-1898)

PARIS

GAZETTE DES BEAUX-ARTS

8, RUE FAVART, 8

—

1900

A LA MÉMOIRE

DE

GUSTAVE MOREAU

GUSTAVE MOREAU

(1826-1898)

CHAPITRE Iᵉʳ

L'HOMME ET L'ART

L'œuvre de Gustave Moreau est
un monument d'art pur que nul
n'explorera jamais sans une sorte
de peur sacrée.

Ce monument paraît unique et
inaccessible. Il n'en existe pas un
second, dans l'histoire de la peinture, où s'accusent un plan si volontaire, des formes si complexes, une
si mystérieuse harmonie. Penseur,
poète et peintre, Gustave Moreau
l'éleva pour soi seul; il en jeta les
bases sur le domaine où les arts
confondus se rapprochent de l'abstraction ; il y vécut secret et fier,
regardant la création dans le miroir

de son esprit. Mais la matière intime de l'édifice, le style des lignes,
l'arabesque des décors sont plastiques au suprême degré ; on y recon-
naît mille éléments puisés dans la tradition éternelle ; on y entend
mille échos des musiques merveilleuses du passé. Il a l'air d'être
situé hors de l'espace et du temps ; il est sans âge, vieux comme
l'humanité par ses fondements et baigné à son faîte d'une aurore
émanée d'hier.

Or, la mort vient d'ouvrir les portes hermétiques ; l'œuvre est
là, paré d'un prestige inexprimable. Passons le seuil avec respect.

Gustave Moreau fut obscurément célèbre.

Nulle vie plus simple et discrète, mais aussi plus méthodique et
tendue[1] ; point d'incidents pittoresques ; cinquante années d'un travail obstiné, dévorées dans une vigilante jalousie des heures, dans
une inquiétude nerveuse dont quelques témoins choisis eurent à
peine l'aveu. Cette fébrilité féconde et ce ressort silencieux s'appli-
quant à un labeur célé surprirent les contemporains et les laissèrent
sous l'impression que le peintre se cantonnait dans une réserve si
singulière parce qu'il pratiquait une sorte d'alchimie de l'art. Le
vulgaire n'aime pas qu'on lui réponde, comme faisait Néhémie
occupé aux fortifications de Sion : *Magnum opus facio et non possum
descendere.* Lorsqu'aux Salons de 1864, 1865 et 1866 Gustave Moreau
soumit à l'examen public les quatre figures que nous appellerons les
cariatides de son monument ; puis, lorsqu'après une retraite de dix ans
il expliqua plus abondamment son esthétique originale par la série
des graves et saisissantes compositions et des subtiles aquarelles
exposées en 1876, 1878 et 1880, ces grandes et nobles images sem-
blèrent n'être pas du siècle ; leur beauté sauvage, leur grâce réfléchie
les reculaient dans une lointaine atmosphère de musée ; leur galbe
significatif, serti dans un cadre d'une richesse insolite, dans des
perspectives insondées, dans les pans d'une nature pour ainsi dire
surnaturelle, étonna d'abord. Rien d'aussi rare n'avait été offert
aux yeux et cela parut dépasser les limites assignées à l'art. Beaucoup ont cru alors qu'il fallait une initiation pour saisir le sens du
symbole inclus et, le premier frisson passé, murmurèrent les mots
de peinture *savante* ou *littéraire,* qui s'adaptent bien mal à des
conceptions si primesautières et si passionnées.

Mais, en revanche, Gustave Moreau eut le bonheur que présu-
mait et méritait l'économie de sa vie : sans passer presque jamais

1. Voir l'*Appendice*, § I.

par aucun intermédiaire, ceux qu'attirait son art surent pénétrer jusqu'à lui. Il entra directement en contact avec une élite ; il fut

ÉTUDE POUR « ULYSSE ET LES PRÉTENDANTS »
(Musée Gustave Moreau.)

profondément aimé et vénéré par le petit groupe de penseurs et d'amateurs qui prépare et anticipe les hautes consécrations. Ceux-ci fomentèrent son travail avec intelligence et comprirent ses vastes désirs ; il peignit réellement pour eux et pour chacun d'eux ; son nom personnifia ainsi l'art le plus élevé, le plus précieux ; ses œuvres furent comme des joyaux sans égal, dignes seulement des écrins aristocratiques. Environ cent tableaux et deux cents aquarelles de sa main, œuvres poussées jusqu'au plus scrupuleux *ne varietur*, sont conservés à Paris. Une douzaine de collectionneurs raffinés[1] se les disputèrent et l'on apprit par eux que l'inspiration de l'artiste répondait à une renaissance du goût, à une évolution bienfaisante de l'idéalisme plastique. Honneur à ceux pour qui Moreau, élaborant sa gloire en toute liberté, put incarner son rêve immense !

Aujourd'hui, l'atelier est devenu musée. Des centaines de compositions, des milliers de dessins et d'aquarelles nous racontent les travaux et les jours du maître. Il a décidé que sa demeure privée s'ouvrirait publiquement à l'étude ; il a entendu nous léguer l'enseignement moral de son exemple et la confession de son effort entier. Toujours préoccupé de la brièveté de la vie, il a pris ses précautions pour nous éviter les moindres malentendus, jusqu'à inscrire la mention : « *en voie d'exécution* » sur les toiles inachevées, mais non point abandonnées, jusqu'à classer ses dessins, ses calques, méticuleusement. Certainement, il s'est investi d'une tâche, il a voulu assurer les principes qu'il chérissait et nous laisser le manifeste d'un art renouvelé.

Orgueil supérieur d'une âme ardente et constante en ses élans : lorsque le marquis de Chennevières vint lui proposer[2], en 1874, de décorer la chapelle de la Vierge au Panthéon, alors église Sainte-Geneviève, il refusa, pensant que sa mission n'était pas là, que les proportions de la peinture murale et la contrainte du genre imposé le stériliseraient. Il eût fallu cent ans, cependant, pour qu'il réalisât les projets ébauchés en sa maturité, et la vieillesse même exalta son énergie créatrice.

La famille de Gustave Moreau ne disposait que de ressources fort médiocres. Après des essais timidement romantiques dans la peinture de genre, le jeune homme fut admis à l'atelier de Picot où l'enseignement officiel mit ses instincts en révolte contre les formules mesquines de l'école et de l'Académie. Son esprit était cultivé, sans que ni ses notions classiques ni jamais ses lectures aient été celles d'un érudit. En réalité, Moreau regarda les maîtres avide-

1. Voir l'*Appendice*, § II.
2. *Ibid.*, § IV.

ment et cependant se forma seul ; mais il faut s'entendre sur ces mots. On se figure banalement que les artistes se forment uniquement par les yeux et par l'imitation : on dira, par exemple, que Puvis de Chavannes trouva sa voie devant les fresques d'Italie, devant Fra Angelico et les Primitifs, ou bien que Moreau subit l'obsession de Mantegna. Voilà qui est dit trop vite : le premier ne connaut rien du grand art mural de la Renaissance ; quand il étudiait, la pléiade des Primitifs était tout à fait ignorée le second fut toujours foncièrement éclectique et n'eut aucune propension marquée vers le maître padouan, avec lequel il n'a vraiment que de spécieuses analogies.

Un voyage de deux ans en Italie (1858-1860) fit connaître à Moreau Florence, Venise, Rome et Naples ; après avoir copié sans choix au Louvre, il copia là-bas des Carpaccio, des Raphaël, Léonard, Véronèse ; or, à l'époque de ce voyage, l'esprit de Moreau était mûr ; il laissait derrière lui, à Paris, vingt grandes compositions, où toute son esthétique s'affirmait déjà. Il quittait d'ailleurs

ÉTUDE POUR « HÉSIODE ET LES MUSES »
(Musée Gustave Moreau.)

à contre-cœur son atelier, ignora l'Espagne, n'alla qu'en 1885 en Hollande.

Et pourtant, nul ne connut mieux l'essence d'un Velazquez ou d'un Rembrandt. C'est lui qui donna à Fromentin les indications fondamentales de ses études sur les maîtres d'autrefois. C'est au Louvre qu'il envoyait invariablement les débutants, et, dans ses entretiens, il évoquait à leur tour, avec une incomparable éloquence, les beaux *morceaux* de peinture des Vénitiens, un clair de lune de van der Neer, la fraîche imagination d'un Watteau. La technique picturale l'intéressait en effet par-dessus tout, et nous verrons qu'une de ses ambitions fut de retrouver la matière et la facture incorruptibles des grands ouvriers de jadis.

Un seul maître moderne eut sur Gustave Moreau une influence nettement accusée; ce n'est ni Ingres, ni Delacroix, c'est le grand oublié envers qui l'ingratitude ne cesse point encore : Théodore Chassériau. L'art de celui-là, parfumé, sensuel et rythmique, jaillissait comme une source enivrante et tiède dans un vallon de l'Atlantide ; le moule des figures était d'une suavité latente, d'une austère langueur; l'invention plastique respirait une poésie inconnue, une sérénité majestueuse et diffuse. Moreau l'aima, lui voua un culte et, certainement, lui dut maintes leçons fécondes.

Gustave Moreau se forma donc en pleine indépendance. Son goût d'artiste était inné et son intuition suffit à le guider hors des chemins battus. Dès l'atelier, il s'est fait une poétique et une technique personnelles, il s'est dressé un répertoire d'images; à peine conscient, son art s'est refermé sur lui.

Nous en jugeons maintenant : sa doctrine n'a point varié; dans ses dernières années, il remaniait encore les tableaux de ses primes débuts, il reprenait les thèmes qui l'avaient séduit de bonne heure. Seulement, les œuvres dont il s'est séparé avec déchirement, qui sont dispersées dans quelques grandes collections particulières, sont les variantes les plus adéquates à sa volonté, les versions parfaites du large poème qu'il a conçu.

Gustave Moreau ne peignit pas l'homme; il peignit la pensée et l'imagination humaines.

L'Histoire n'avait pas de grâces pour lui; la Nature ingénue ne le contentait pas; l'une et l'autre lui paraissaient limitées ou trop positives, dans leurs lignes concrètes, arrêtées.

La Fable fut le domaine spirituel où il se plut. Il est le peintre élu des mythes, des légendes, des sentiments symbolisés.

Or, la Fable est immortelle. C'est le livre où les races ont consigné les joies et les terreurs, les tristesses et les espoirs, les enchantements et les déceptions de l'espèce. Mais le livre est complet; tout y a été dit dans le langage figuré qui s'est transmis de siècles en siècles ; sans être suranné, il est clos depuis des milliers d'années.

Prenons pour exemple l'apologue du fabuliste. Toute la morale, toute l'expérience, toutes les aspirations, toutes les revendications

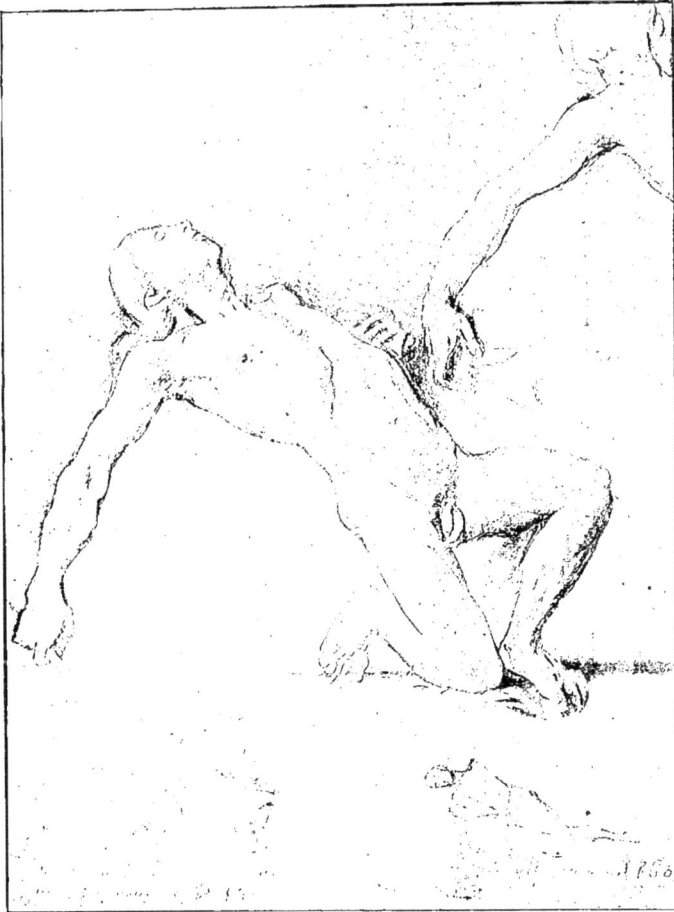

ÉTUDE POUR « TYRTÉE »
(Musée Gustave Moreau.)

de nos ancêtres y sont enfermées sous une forme lapidaire et plastique; il a été la pâture de l'antiquité classique; il lui vint du côté du soleil levant et, dans beaucoup de cas, il est antérieur à la séparation des races aryennes, il fait partie du dépôt moral qu'elles ont emporté dans leurs migrations. Ésope, Bidpay, c'est l'Éthiopien, c'est l'Indien censé inventeur des contes qui consolent et réchauffent le faible dans ses souffrances anonymes. Mais il ne se crée plus de fables, depuis que l'Orient ne donne plus à l'Occident le levain spirituel.

La Fontaine n'a pas inventé un seul de ses apologues. La légende ne se crée non plus; l'Arioste et Rabelais, Perrault même répètent sans le savoir des fictions écloses autour du berceau de l'humanité. Mais combien plus certaine la cessation du mythe religieux! Le mythe, c'est l'imagerie des prodiges, c'est l'abstraction des hauts mystères devenant tangible, prenant le relief de la vie et le manteau de la réalité terrestre; et il ne se crée plus de religions, depuis que l'Orient, encore une fois, n'enfante plus de dieux.

Qu'importe, cependant, à l'artiste, pour qui les champs du mythe universel sont ouverts à tous les horizons?

Ce royaume sans bornes, Moreau s'y enfonçait avec une ivresse fougueuse. Un des motifs qu'il répéta le plus souvent, c'est celui de la Chimère bondissant dans le vide ou du dragon planant dans l'éther. L'audacieux qui se confie au monstre pour de vertigineux voyages, c'est l'artiste lui-même en quête des empyrées divins.

L'âme de Gustave Moreau était une âme trempée, d'une sensibilité réfléchie, soucieuse, passionnée, inclinée vers ces généralisations que la philosophie moderne a développées en nous. Elle déborda le terrain antique; elle dépassa les mythologies faciles aussi bien que les imitations pédantes de la tradition classique.

Ainsi, en entrant dans cet atelier, dans ce laboratoire où il pratiqua de vraies transmutations, on s'aperçoit que certains thèmes directeurs l'ont hanté. Je citerai les suivants, comme exemples des idées morales et dégagées de toute prétention au mysticisme qu'il enferma dans les formes rituelles de l'allégorie restaurée:

D'abord, le thème le plus important de tous, et que nous verrons se nuancer de diverses manières: la Fatalité, le Mal et la Mort incarnés dans la beauté de la femme, cette beauté étant considérée comme un attribut redoutable;

Puis, le triomphe du Bien sur le Mal, exprimé par l'ascendant des héros vainqueurs de monstres;

La glorification des sacrifices ou l'apothéose des rédempteurs, des conducteurs de peuples, des apôtres et des prophètes primordiaux;

La pérennité du chant sacré, la survie de la poésie aux porteurs de lyre morts ;

L'union du dieu multiforme et de la créature reconnaissante ; etc.

ÉTUDE POUR « DIOMÈDE DÉVORÉ PAR SES CHEVAUX »
(Musée Gustave Moreau.)

Au sujet d'un tableau inspiré par ce dernier thème, une *Léda*, Gustave Moreau a laissé manuscrite la paraphrase que voici :

LÉDA. — LE SACRE

« *Le dieu se manifeste, la foudre éclate, l'amour terrestre fuit au loin.*

» *Le cygne roi, auréolé, au regard sombre, pose sa tête sur celle de la blanche figure toute repliée en elle-même, dans la pose hiératique d'initiée, humble sous ce sacre divin.*

3

» *L'immaculée blancheur sous la blancheur divine.*

» *L'incantation se manifeste, le dieu s'incarne en cette beauté pure.*

» *Le mystère s'accomplit, et, devant ce groupe sacré et religieux, se dressent deux génies accompagnés de l'aigle, portant des attributs divins : la tiare et la foudre. Ils tiennent devant Léda cette offrande divine, officiants de ce dieu s'oubliant dans son rêve.*

» *Et la nature entière tremble et s'incline, les Faunes, les Dryades, les Satyres et les Nymphes se prosternent et adorent, tandis que le grand Pan, symbolisant toute la nature, appelle tout ce qui vit à la contemplation du grand mystère.*»

On le voit : un tableau est un monde pour cet artiste qui, dans une autre note intime, avoue sa peine à *faire marcher d'un pas égal cet attelage si difficile à conduire : son imagination sans frein et son esprit critique.*

Cette imagination et cette critique se sont-elles modifiées au cours d'une si persévérante gestation du même rêve? Oui, mais légèrement en réalité.

La résurrection de la fable antique, telle qu'il la pratiqua d'abord, est parallèle à la plastique panthéiste des races latines. Les toutes sereines compositions de Moreau distillent, pour la plupart, une poésie attendrie dont les éléments sont simples, dont les assonances sont caressantes ou graves comme les vers d'un Ovide ou d'un Racine. Elles ont la saveur du miel attique. Plus tard, l'imagination s'émancipe, la critique exerce un moindre contrôle. La complication du décor devient de plus en plus grande. Partout, Moreau ajoute des adjuvants symphoniques, faisant choix d'accessoires significatifs, exprimant du sujet son nectar ultime. L'ornement foisonne en pyramides; les plans se superposent, les sites se creusent, se découpent, les échafaudements se multiplient et le sortilège s'émiette en étrangetés parasitaires. Reprenant ses œuvres de jeunesse, l'artiste ajoute de la toile au châssis, pour qu'on entre, pour ainsi dire, de plain pied sur la scène du drame élargi. C'est que son rêve l'a jeté dans l'ambition dernière des chercheurs qui scrutent l'idéal ou la réalité : créer la vie et se perdre en elle. On pense involontairement à cette fin de la *Tentation de saint Antoine* où Flaubert nous montre l'ermite assistant à la naissance de la vie :

« Les végétaux maintenant ne se distinguent plus des animaux, des polypiers qui ont l'air de sycomores portent des bras sur leurs branches... Des insectes pareils à des pétales de roses garnissent un arbuste... Et puis les plantes se confondent avec les pierres... Enfin,

il aperçoit de petites masses globuleuses, garnies de cils tout autour.
Une vibration les agite. — « Je voudrais, s'écrie Antoine délirant, avoir
» des ailes, une carapace, une écorce, me diviser partout, être en tout,
» m'émaner avec les odeurs, me développer comme les plantes, couler

ÉTUDES POUR « PHAÉTON »
(Musée Gustave Moreau.)

» comme l'eau, vibrer comme le son, briller comme la lumière, péné-
» trer chaque atome, descendre jusqu'au fond de la matière, — être la
» matière ! »

Un élément exotique est venu, petit à petit, modifier, sans la
corrompre, la pureté initiale des sources mythologiques où Moreau
s'abreuvait comme à une urne de Jouvence : l'alliage oriental

Nous serions porté à dater l'événement des expositions rétro-
spectives qui ont fait connaître tant de formes nouvelles, si les curio-
sités sagaces d'un artiste aussi inquiet n'avaient pas été dirigées
déjà vers la patrie de tous les symboles, vers l'Asie. Il est, en effet,
à remarquer que les arts de l'Asie reculée, vierges jusqu'alors, se
virent livrés, vers le milieu du siècle, à l'examen universel ; ce n'est
guère que depuis une trentaine d'années que les documents scientifiques intéressant la Perse, la Chaldée, l'Inde, l'Extrême-Orient, sont
tombés dans le domaine public : miniatures persanes, levés d'architectures moresque, arabe et hindoue, étoffes et bronzes de Chine
ou du Japon, photographies de décors ignorés, résultats de missions
et de fouilles lointaines sont à portée de tous. Il y a cinquante ans,
il n'était pas question de Ceylan, d'Ellora ou d'Angkor, et dix per-
sonnes en Europe avaient, dans leur cabinet, des lumières sur le
bouddhisme. Figurez-vous un lecteur du *Voyage du jeune Ana-
charsis* à qui l'on donne les *Lettres* de Jacquemont, puis *Salammbô*.

Ainsi, en étudiant l'Orient, Gustave Moreau remonte le cours
de la migration des mythes ; il aboutit là où ils sont éclos ; il n'y a
plus de frontières à son iconographie de la Fable. Mais qu'on ne
voie là aucun souci puéril de la couleur locale, car le plus pauvre
document donne carrière à sa fantaisie : la triomphante aquarelle
du musée du Luxembourg, *L'Apparition*, a pour cadre une salle
ruisselante d'émaux dont, peut-être, une mauvaise gravure de jour-
nal illustré lui suggéra l'ordonnance. Chez l'artiste-né, il n'y a que
choix et divination.

Quand on pense à la morne platitude où l'art académique de
commande avait réduit l'allégorie, on ressent un sursaut à cette
renaissance de la beauté antique. Insuffisamment formulée par des
mains moins adroites, elle n'aurait cependant pas été viable et
l'histoire de l'art aurait à peine enregistré, une fois de plus, l'erreur
d'un peintre que son cerveau fait dévier de la route praticable. Ici,
nous rencontrons une technique de haut aloi, un impeccable métier
mis au service de l'Idée.

Les mots vont me manquer, peut-être, pour marquer la valeur
intrinsèque de telle petite toile ou de tel léger panneau. Mais on
sent bien que l'œuvre de Moreau ne serait pas de grand art si la part
matérielle n'y était prépondérante, et il convient de mettre son
style hors de pair, tout en le reconnaissant indéfinissable.

Ni classique, ni romantique, le maître-ouvrier aborde ses sujets de front, comme si rien n'existait avant lui, et ses compositions, gonflées d'intentions, mais fermement assises, n'ont jamais rien de flottant, d'imprécis, de sous-entendu. Lorsqu'on peint l'Idée, il faut la peindre avec lucidité, sans rébus et sans logogriphe ; les instincts

ÉTUDES POUR « TYRTÉE »
(Musée Gustave Moreau.)

de la race française ne s'accommodent pas du nuage ni de l'hyperbole ; elle veut une philosophie claire, une poésie équilibrée, une plastique lisible pour tous, et le bon sens public a fait justice déjà des extravagances qu'une petite école avortée inaugurait naguère sous le couvert de prospectus cabalistiques dont on ne saurait rendre Moreau responsable. Point d'arcanes ésotériques dans la façon dont Moreau dessine et peint la Fable ; point de hasard ni d'hésitation dans la ligne expressive : on dirait de camées entaillés à coup sûr et dans une pierre aux couches brillantes, par un outil tour à tour impérieux et caressant.

Son dessin est très beau : il n'a cependant qu'à des heures de rare abandon cette naïveté, cette humble inconscience qui, chez un Ingres ou chez un Puvis de Chavannes, sont l'effet d'une vive émotion, d'une communion candide avec la nature ; il est châtié, affirmatif et ingénieusement stylisé. Dans le modèle, l'artiste ne cherche pas la vérité du geste — nous verrons plus loin pourquoi ; — il ne cherche pas la silhouette, car il porte en soi, préconçue et despotique, l'architecture de sa composition ; il note seulement des accents, quelques traits d'élégante anatomie. A sa pleine maturité, quand la pondération des forces diverses est chez lui souveraine, il atteint à la perfection ; le type féminin qu'il affectionne est d'une chaste et troublante vénusté ; le type viril dont il ne se départ guère a des proportions d'une sveltesse réellement olympienne.

La richesse inouïe du coloris renforça, dans l'œuvre de Gustave Moreau, l'autorité du style. Accords précieux, éclats hardis, nuances subtilement rompues, devaient concourir au sentiment général selon des règles affinées. Du vêtement, de la draperie somptueuse, où, le plus souvent, gemmes et broderies foisonnent à l'envi, de l'accessoire surtout il entend tirer un moyen d'éloquente persuasion, un attrait sensuel. Mais on s'est habitué, par de fausses assimilations, à prêter aux coloristes une sorte de génie improvisateur quelque peu incompatible avec la confection ordonnée d'un tableau ; or, c'est au contraire par la lente trituration de la pâte colorée, par le patient manège de la brosse que Moreau veut lutter avec les maîtres anciens, et il y est souvent leur égal. Cette limpidité cristalline, cet amalgame porphyrisé qui se solidifie sur ses toiles, c'était, à ses yeux, la belle technique qui doit distinguer les œuvres de prix ; il dédaignait la peinture hâtive, et de là venait une certaine indifférence pour la peinture contemporaine qu'il cachait mal dans ses visites aux Salons annuels.

La matière de l'art est périssable ; celle de la peinture est caduque entre toutes ; et pourtant, il est bien philosophique d'observer qu'en dernière analyse la critique n'a pas de base plus solide que l'examen du support matériel et de la facture. Tel tableau durera-t-il ou ne durera-t-il point ? Cela revient à demander : comment a-t-il été conduit, et jusqu'où ? Car il y a une tâche manuelle, mécanique, à laquelle le peintre consacre un temps proportionnel à l'ambition

qu'il a de faire œuvre durable. Le travail de l'outil, les légèretés ou
les insistances de la touche, la qualité enfin de la substance fluide
employée, ont donc une importance majeure dans tout art qui se
prétend noble, sans que le profane puisse en savoir gré au praticien.

PROJET POUR « PASIPHAÉ »
(Musée Gustave Moreau.)

Cette substance, ce ne sont que quelques pincées de poudres, des
oxydes, des terres calcinées, des résidus chimiques : Moreau semble
avoir nourri l'espoir de le rendre inaltérable; et si grand était son
souci de l'avenir qu'il portait envie aux émailleurs. La splendeur
des émaux conservés dans les musées, leur lustre *immarcescible*,
selon le mot de Gautier, le tentaient; il souhaita de voir les lignes
ductiles de son dessin et les jeux de son coloris enfermés sous des

vitrifications que le feu rend éternelles et, ne pouvant s'installer lui-même devant l'établi et les fourneaux, il prépara plus d'une fois des cartons pour ainsi dire, à l'intention des jeunes artistes par qui revivait un si bel art. Dès 1866, il exposait un dessin qualifié de *projet pour émail;* mais, à la vérité, même à défaut de cette spécification, combien de ses petites œuvres trahissent la préoccupation d'une translation possible et semblent déjà exécutées sur d'invisibles paillons?

Enfin, l'aquarelle le ravit et, là, nul ne l'a surpassé. Voyez, dans son musée, ces fragiles petites images, grands projets enfermés dans quelques gouttes d'eau teintée, menus essais ailés, pour ainsi dire, lavés dans l'enthousiasme d'une soirée : c'est tout ce que l'artiste garda en sa possession des centaines de pages d'idylle ou de drame qu'il peignit, sa vue perçante armée d'une loupe, et qui l'aidèrent à répandre son esthétique dans un format réduit. Vingt collections privées de Paris abritent les plus caractéristiques, et l'on sait que l'illustration des plus belles *Fables* de La Fontaine fut, en ce genre, un de ses travaux les plus achevés...

Telles sont les premières pensées que suggère une visite au musée Gustave Moreau, initiation nécessaire à l'étude que nous abordons. Nous reviendrons fréquemment à ce musée, bien que, répétons-le, les exemplaires définitifs des compositions de Moreau soient à rechercher chez ses amis. Le don récent fait par l'un de ceux-ci au musée du Luxembourg permet déjà au public éclairé de rapprocher quelques œuvres parfaites des matériaux accumulés à l'atelier. Admis, pour ainsi dire, dans son intimité, il semble qu'on mesure enfin l'envergure du maître disparu. A l'admiration qu'emporte le spectacle de cette volonté d'airain s'allie aussitôt le sentiment d'une séduction subtile, harmonieuse et douce. *De forti dulcedo ;* du Fort est sortie la Douceur, intarissablement.

Hydre

Guy.

CHAPITRE II

COUP D'ŒIL SUR L'ŒUVRE

Nous ne saurions donner ici qu'un catalogue condensé de l'œuvre de Gustave Moreau, car l'inventaire de cet œuvre est difficile à relever comme le tracé d'un labyrinthe. Suivre l'ordre purement chronologique, ce serait, croyons-nous, fréquemment contredire à la méthode de travail du peintre et presque la méconnaître, tant il procéda en mûrissant longtemps l'idée, en accumulant — sans rien détruire — les documents et les variantes, en laissant reposer, des années durant, un sujet, pour y revenir avec une doctrine identique, avivée seulement par une fougue ardente et neuve. Puis, séparer brutalement, pour ainsi dire, les tableaux des aquarelles, voire de certains dessins rehaussés, serait pour nous une opération cruelle autant qu'inutile. La chose d'art ne se pèse ni ne se mesure : nul ne l'a mieux montré que Moreau, dont l'imagination se sublime, en quelque sorte, tout naturellement dans quelques pouces carrés de papier. Telle ambitieuse composition et telle miniature en camaïeu discrètement touchée d'or sont sœurs ; l'une et

4

l'autre au même titre sont la chair de sa chair et la tradition de
son esprit; laissons donc réunis et goûtons hors des communes
hiérarchies tous les présents de ce noble cœur[1].

Pourtant, il y a des phases et il y a des cycles. En se figurant
assemblées les créations que Moreau nous a léguées dans ses deux
ateliers et celles que se sont partagées les collectionneurs, on croit
reconnaître des liens entre les idées-mères, des *états* dans les images
et des stades dans le sentiment. Certaines figures semblent s'attirer
pour former des groupes; certaines formes plastiques semblent subir
des métamorphoses, offrir des éclosions réitérées.

La part faite aux premiers essais d'élève[2], l'artiste de la vingt-
cinquième année a déjà adopté le grand art; le coloriste est né et se
réchauffe dans l'intimité de Théodore Chassériau, à peine son aîné de
sept ans : première période de formation, où l'enseignement de
Picot compte pour bien peu, où Moreau s'affermit dans les deux
principes que nous analyserons plus loin et qu'on pourrait nommer
le *Principe de la belle Inertie* et celui de la *Richesse nécessaire*, si
constamment suivis par lui jusqu'au bout. Il expose d'abord :

Salon de 1852 : *Pietà* (cathédrale d'Angoulême) ;

Salon de 1853 : *Scène du Cantique des cantiques* (musée de
Dijon) et *La Mort de Darius* (g. m.) ;

Exposition universelle de 1855 : *Les Athéniens au Minotaure*
(musée de Bourg-en-Bresse).

Au musée Gustave Moreau, *Ulysse et les Prétendants, Hercule et
les filles de Thestius* (daté 1852), *Moïse ôtant ses sandales en vue de la
Terre promise* (1854), curieusement agrandis et remaniés dans les
dernières années, font partie du même ensemble, celui des scènes
anecdotiques, des sujets narratifs et *livresques*, comme on disait
jadis. Et Moreau n'y reviendra plus.

Un héroïque *Tyrtée* (1860) annonce déjà des préoccupations plus
généreuses, une part plus large faite au sentiment.

La seconde période est celle de ses chefs-d'œuvre consacrés,
de sa grande maturité classique. Le voyage de deux ans qu'il a fait
en Italie a nourri chez lui je ne sais quelle passion innée pour
l'antiquité, telle que l'ont perçue les philosophes panthéistes ; en
revanche, il revient sans avoir *rien* emprunté à la Renaissance

---

1. Je désignerai seulement par un astérisque les aquarelles et par les lettres
g. m. les œuvres conservées rue de La Rochefoucauld.

2. Voir l'*Appendice*, § III.

italienne : ni thèmes, ni sent ments, ni style. Il ne lui doit que le
secret de bien peindre, au sens le plus littéral. A Rome, il a beau-

CENTAURE, DESSIN POUR « L'AUTOMNE »

(Musée Gustave Moreau.)

coup dessiné d'après nature ; mais, dans sa nouvelle éducation, il n'y
a pas trace de ces italianismes élégants qu'un Delaunay, un Baudry
contractèrent là-bas. Moreau arrive donc d'un bond à l'apogée de
son style original et montre coup sur coup :

Salon de 1864 : *OEdipe et le Sphinx;*

SALON DE 1865 : *Médée et Jason, Le Jeune homme et la Mort ;*

SALON DE 1866 : *La Tête d'Orphée* (musée du Luxembourg);
Hésiode et la Muse, dessin ; *La Péri,* projet pour émail, dessin ;

Puis, au SALON DE 1869 : *Prométhée* (G. M.), *Jupiter et Europe*
(G. M.), teinté d'académisme, *Pietà, La Sainte et le poète*.

Les quatre premières œuvres sont capitales, d'une maîtrise de
lignes accomplie, d'une absolue personnalité. Les deux principes
conjugués y sont appliqués superbement : la conception des mythes
anciens y est, comme le dessin, pleine d'eurythmie, simple, pure et
sage ; et Moreau, par l'allégorie du *Jeune homme et la Mort,* par la tendre imagination de la *Jeune fille thrace portant la tête d'Orphée,* par un
timide dessin et une aquarelle, vient d'ouvrir un cycle qui enfermera
maintes précieuses variantes : nous l'appellerons *Cycle du poète.*

Cependant, après un travail caché de sept ans, Moreau reparaît
doué d'une forme de maîtrise plus affirmée que précédemment :
la maîtrise du coloris; le *Principe de la Richesse nécessaire* le
domine, et, pour trouver un support fascinant au prisme imaginaire
dont il colore ses visions, l'artiste situe souvent en Orient les
décors fabuleux où, dans une sorte d'orgie créatrice, il laisse vaguer
son caprice à loisir. Cette évolution nous donne :

SALON DE 1876 : *Hercule et l'Hydre de Lerne, Salomé dansant
devant Hérode, L'Apparition* (musée du Luxembourg, don Charles
Hayem), *Saint Sébastien et un ange,* détrempe et cire ;

EXPOSITION UNIVERSELLE DE 1878 : *Le Sphinx deviné, David méditant, Jacob et l'Ange, Moïse exposé sur le Nil, Salomé au jardin*,
Phaéton (musée du Luxembourg, don Charles Hayem), un *Massier*,
une *Péri*.

Enfin, au dernier Salon où Moreau fut représenté, en 1880, il
expose l'*Hélène* et la *Galatée.* A l'Exposition Universelle de 1889
figurent le *Jeune homme et la Mort* et la même *Galatée.*

Il faut d'emblée mettre hors de pair, dans cette nouvelle portée,
plusieurs œuvres de haut vol, qui ne sont pas discutables : *Hercule et
l'Hydre, Hélène et Galatée,* la *Salomé* et *L'Apparition,* le *David* et
le *Jacob.*

D'autre part, abstraction faite des dates précises ou de l'échelle
des œuvres, voici à peu près le faisceau qu'il a noué, comme pour
les fortifier, autour des pièces capitales :

SUJETS EXTRAITS DE LA MYTHOLOGIE PAIENNE. — Le mythe d'Œdipe,

ÉTUDE D'ÉLÉPHANT POUR « LA PÉRI »

(Musée Gustave Moreau).

par les moments divers du drame, suggérera à l'artiste des variantes
tranchées ; de même qu'il imagine *La Grotte du Sphinx*, *Le Sphinx
aux cadavres*, *Le Voyageur et le Sphinx* ou *Le Sphinx vainqueur*,
il tirera un admirable tableau du *Sphinx deviné*. Deux fois il refait
un *Diomède dévoré par ses chevaux* avec le même emportement
tragique, et ce sont des morceaux sans reproche. Il chercha longtemps *Hercule et l'Hydre de Lerne*, et le cycle des travaux du
dompteur de monstres enclôt encore *Hercule et la biche cérynite*,
Hercule et les oiseaux du lac Stymphale, *Hercule étouffant les serpents*. Combien de recherches pour une *Léda*, qui ne le satisfait
jamais, et combien de combinaisons pour *L'Enlèvement d'Europe*,
pour *L'Enlèvement de Déjanire* (qu'il appelle *L'Automne*) ! Les
répliques, toutes de grand prix, du sujet de *Polyphème et Galatée*,
le jettent dans une voie d'études entièrement neuves, où nous
relèverons ses riches trouvailles. Les *Sirènes* participent de la
même cosmogonie. Il a tenté de traduire tous les hymnes à la
louange des olympiens et des *dii minores : La Naissance de Vénus*,
entourée de l'adoration des créatures, *Diane chasseresse sur une
biche*, *Ganymède*, *Narcisse*, *Persée et Andromède*, *Les Satyres*, etc.
Dans un projet qu'il appelait *Les Sources* (G. M.), il comptait ras-
sembler un peuple humain près des grands monstres des temps
paniques.

CYCLE DU POÈTE — Ce cycle, dévolu aux dieux de la poésie et
aux dépositaires bienfaisants de la lyre divine, fait partie intégrante
de la série antique, mais il circonscrit dans l'œuvre de Moreau une
famille de sujets empreints par lui d'une tendresse spéciale. Nous y
classerons, comme variations du thème *apollinien : Les Muses quittant
Apollon leur père pour aller éclairer le monde* (1868, G. M.), *Hésiode et
les Muses* (G. M.), *L'Amour et les Muses** (musée du Luxembourg, don
Charles Hayem), *La Muse et le Poète*, *Les Plaintes du Poète**, « *Vates* »,
Le Centaure et le Poète mourant* (G. M.), *La Muse et Pégase*, *Apollon
et Marsyas*, *Apollon adoré par les satyres*, *Orphée pleurant Eurydice*,
Orphée charmant les animaux, *L'Harmonie*, *Musica sacra*, etc. ;
enfin, de nombreuses *Sapho*, exprimant les divers instants du délire
et du suicide poétiques.

Nous rapprocherons de la même famille les diverses *Chimères*,
si chères à Moreau en tant que symbole de l'essor des rêves.

Le cycle se ferme sur *Les Lyres mortes* (G. M.), un vaste projet
synthétique demeuré inachevé.

MUSICIENNE, DESSIN POUR « L'APPARITION »
(Musée Gustave Moreau.)

Sujets tirés de l'Orient. — Même effort, jusqu'ici sans exemple, pour tirer de la poésie biblique toute la splendeur qu'elle contient, ou plutôt pour exalter étrangement l'iconographie consacrée. Le sujet de *Moïse exposé sur le Nil* fut très cherché ; il y a plusieurs *Bethsabée* ; nombreuses surtout sont les *Salomé*, parce que le passage de l'odalisque dans l'histoire préévangélique comporte plusieurs scènes se prêtant toutes à l'image : *Salomé au jardin, à la prison, à la colonne, au léopard*, en courtisane hébraïque, etc. Quel thème, en effet, pour appliquer le *Principe de la Richesse nécessaire !* Toute cette série est d'une extrême beauté de coloris ; les aquarelles, de grandes dimensions, deviennent des tableaux parachevés et qui lancent des feux.

Puis, sous tous les ciels d'Orient, jusque dans l'Inde et plus loin encore, lui sont apparus *Le Triomphe d'Alexandre* (g. m.), des *Poètes indiens*, des *Trouvères persans*, des *Péris*, des *Lacs sacrés*, des *Odalisques*...

D'ailleurs, la seconde source d'inspiration où il puise avec une soif spirituelle à peu près égale, la légende sacrée, alimente simultanément son invention plastique ; il n'a peut-être pas trouvé là d'accents proprement supérieurs ; mais, de ses premières à ses dernières heures[1], nous le verrons s'absorber parfois dans de pieuses images et parer les héros de l'Ancien Testament, les saintes figures et la Divinité chrétienne elle-même du plus merveilleux appareil.

Sujets sacrés. — Quelle tristesse devant l'inachèvement de ce grand tableau des *Rois Mages* sur le chemin de Bethléem (g. m.), qui aurait été une œuvre si étrangement religieuse ! Les tableaux de piété de Moreau ont le plus souvent de moindres dimensions, comme pour être placés dans un intime oratoire : les *Christ au mont des Oliviers, Anges annonciateurs, Calvaires, Dépositions de Croix, Pietà* et *Mises au tombeau*, sujets que, pour la plupart, il reproduit en plusieurs exemplaires, semblent lui être prétexte à lutter d'éloquente finesse avec le rendu des premiers grands maîtres flamands, qui sont des miniaturistes de génie ; les deux rares spécimens entrés au musée du Luxembourg par le don Charles Hayem ne sont-ils pas de la plus savoureuse technique qui jamais ait été pratiquée ? Puis, voici le peuple des martyrs et des confesseurs : *Le Bon Samaritain, Saint Sébastien et ses bourreaux, Saint Sébastien secouru par les saintes femmes*, plus d'un *Saint Georges*, des *Saint Michel, Saint*

1. Voir l'*Appendice*, § III.

LA PÉRI
dessin pour émail

Martin, Sainte Élisabeth (le miracle des roses), etc., toute une hagiographie transcendante.

Un événement fait époque dans la vie de Moreau. Vers 1881, un ingénieux amateur de grand art, M. Antony Roux, de Marseille, lui commanda l'illustration des plus belles *Fables* de La Fontaine. Comme nous le verrons, loin de sortir de ses préoccupations familières, l'artiste trouve un champ naturel au développement de son esthétique dans les apologues du « bonhomme ». En 1882, *vingt-cinq* aquarelles de cette série sont exposées dans les galeries Durand-Ruel ; en 1886, le travail est achevé : *quarante* nouvelles aquarelles complètent l'ouvrage, et avec elles sont exposées, chez Goupil, rue Chaptal, six des grandes aquarelles les plus notoires : *Le Poète persan, L'Éléphant sacré, Bethsabée* (musée du Luxembourg, don Charles Hayem), *Ganymède, Le Sphinx vainqueur, Salomé à la prison.* Si l'on pense aux deux grandes images que l'artiste a élaborées dans son cerveau pour les condenser dans les deux œuvres signalées du Salon de 1880, on demeure stupéfait du commerce infatigable qu'il a entretenu durant cette période avec le monde des idées et des formes, avec toutes les traditions de l'univers.

Quelle est la *cella*, dans le panthéon des dieux abolis, qu'il n'ait visitée ? Feuillet par feuillet, il a recomposé les chants d'une épopée plastique dont nous pouvons à peine songer à donner une idée.

Il a abattu toutes les frontières : la Grèce et l'Orient sont en lui ; ses cartons sont gonflés de milliers de notations documentaires et de combinaisons en suspens ; ses tardives années se passent dans la reprise des compositions qui ne l'ont pas encore satisfait ou dans de nouvelles improvisations. Moreau pense à la mort : il y pense comme à une consécration, en parle librement, avec une sérénité mêlée d'orgueil noble, et se hâte d'expliquer certaines obscurités, de consigner certains grands projets, de compléter son testament artistique par des retouches enfiévrées. Nul ne saura combien de temps il a remué le projet des *Lyres mortes* et celui des *Chimères* (G. M.), dont il reste un si surprenant dessin sur toile : ce sont les aboutissants de deux courants d'idées qu'il affectionna de si bonne heure ! Mais sa dernière vigueur enfante toujours de saisissantes figurations, dans lesquelles le *Principe de la Richesse* prend définitivement le dessus au détriment de la ligne, où le décor devient exubérant, où la facture se dilue dans l'irradiation du coloris. Tels une *Sémélé* prestigieuse, un dramatique *Oreste*, plusieurs

Pasiphaé, deux *Suzanne,* des *Dalila,* deux *Sainte Cécile,* un *Jason et l'Amour,* un *Apollon et Marsyas,* etc., conçus dans une sorte d'ivresse magique. *Les Argonautes* (daté 1897, G. M.), composition restée à l'état d'esquisse, annoncent encore, chez le maître défaillant, la joie de la toile neuve à charger et des couleurs à broyer, l'enthousiasme du trophée à conquérir, de la Toison d'or à étreindre.

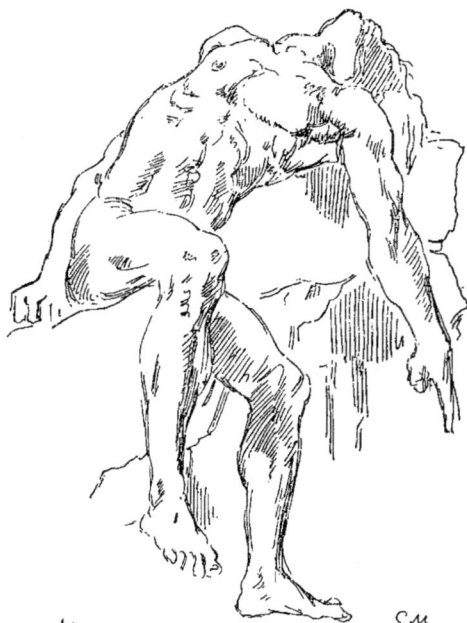

CHAPITRE III

Nomina numina, disait le vieil adage.

Certes, les noms harmonieux et grandioses que nous venons de transcrire, ces noms familiers à notre oreille autant qu'à notre esprit, ne présagent aucune singularité archéologique, aucune recherche d'épisodes inédits ou bizarres; pour être touché par leur vertu musicale, au contraire, il ne faut pas être celui qui fuit la lumière du jour, renie la vie et se confine dans la lecture de grimoires ténébreux. Il suffit de se livrer naïvement au souvenir des rythmes et des cadences qui tintent encore dans la mémoire de nos races, pures

sonorités des poètes du vieux Parnasse, lyrisme lapidaire de l'Ancien
Testament ou versets attendris des Évangiles. L'âme humaine en est
à jamais parfumée ; nul spasme social ne les arrachera de nos cœurs.
Lancez, au milieu du bruit des choses, les belles syllabes d'un
hymne de Lucrèce ou d'Hésiode, les molles assonances d'un Racine
ou d'un Chénier, et des voiles se déchirent ; l'art hérité qui sommeil-
lait en chacun de nous s'éveille. Prononcez seulement les noms de
miel des héros de la Fable, et l'enfant même tressaille. Car l'homme,
dès le matin de sa vie, alors qu'il marche « à quatre pieds », comme
dans l'énigme du Sphinx, aime les contes de fées, et c'est par de
beaux noms qu'il connaît l'art d'abord.

Qui dira que ce soient là les cadres d'un art savant ou littéraire ?
Gustave Moreau s'est toujours contenté des plus simples images du
lieu commun classique. Point de magasins fermés à qui n'est pas
détenteur du mot de passe, du « Sésame, ouvre-toi ». Il écoute
chanter la légende élémentaire des races japhétiques, et c'est assez
d'un thème limpide, que l'écolier récite dans sa leçon journalière,
pour ouvrir à son imagination une immense percée ; transporté par
le ravissement de peindre selon son goût, par la frénésie de faire
parler la ligne et la couleur aussi haut que la poésie et la musique,
il ne cherche, en réalité, dans le répertoire du mythe, que des
prétextes supérieurs.

J'irai plus loin, et je ne crains pas de dire que l'art de Moreau
abhorre la littérature et répugne à tous les moyens qu'emploie
celle-ci. Volontairement, ce maître s'est interdit de rechercher
l'action, le caractère, la vérité immédiate des sentiments — tout ce
dont est composé d'habitude un bon tableau et un bon livre ; —
et, pour remplacer ces éléments d'émotion, ces agents d'illusion
consacrés, il a fait résider le prix de ses œuvres dans leur perfection
intrinsèque, dans leur extrême richesse matérielle, dans l'accom-
pagnement, pour ainsi dire, que les artifices matériels du pinceau
peuvent apporter au thème le plus vulgarisé.

Je n'ai garde de me laisser entraîner ici dans un paradoxe de
commentateur. J'ai dit plus haut que Gustave Moreau s'était confié
à deux principes dirigeants : le *Principe de la belle Inertie* et le
Principe de la Richesse nécessaire. Je l'ai entendu développer ces
principes avec une éloquence admirable, au cours d'entretiens que
je ne puis oublier, et si, en les exposant aujourd'hui, je trahis
quelque nuance de sa pensée, du moins ai-je l'assurance de ne pas la
dénaturer.

PRINCIPE DE LA BELLE INERTIE. — Au début, et — je l'ai indiqué
— tant que vécut Théodore Chassériau, Moreau chercha des *sujets*,
comme tous les peintres jeunes.

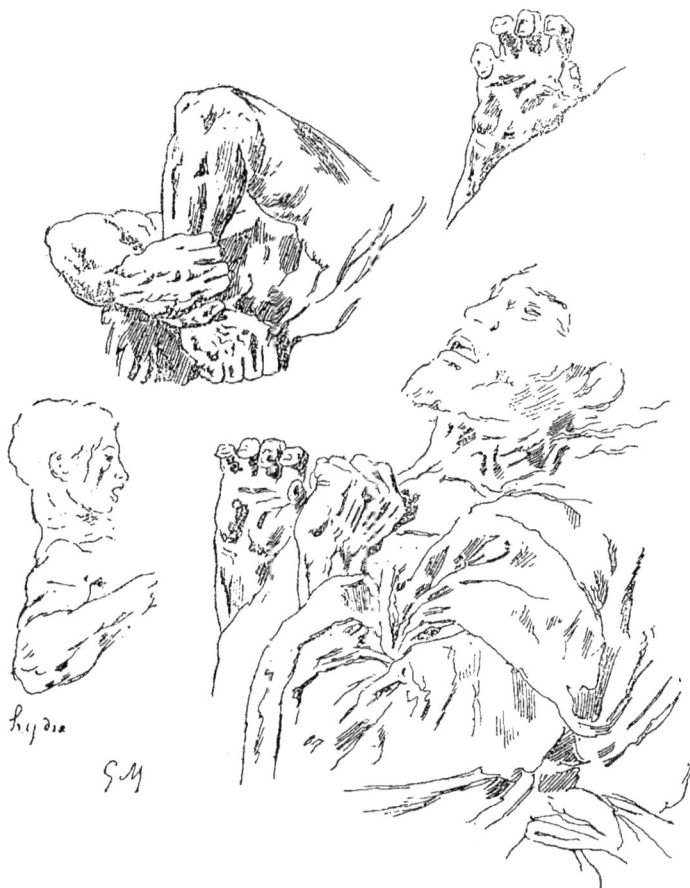

ÉTUDES POUR « HERCULE ET L'HYDRE DE LERNE »
(Musée Gustave Moreau.)

Chassériau fut un enchanteur de qui la séduction semble venir
d'une double ascendance, d'une illustre hybridité ; Ingres et Delacroix s'amalgament en lui, et leurs doctrines adverses se fondent
dans son sein ; à son tour il suscite deux disciples libres, il fomente

deux esprits d'essence opposée, qui seront les deux maîtres intuitifs et spirituels de l'art français : Puvis de Chavannes et Gustave Moreau. Pour qui ne connaît pas les compositions décoratives que Chassériau a exécutées dans l'église Saint-Merry (1843), et surtout dans l'escalier d'honneur du palais d'Orsay [1] (1844-48), il manque forcément un chaînon dans la filiation des génies français. Du panneau de la *Paix protectrice* sort l'esthétique fondamentale de Puvis de Chavannes ; du panneau qui représente *Le Commerce rapprochant les peuples*, de tous les tableaux, de tous les essais de Chassériau sortent la discipline initiale de Gustave Moreau et son style.

Chassériau avait la grande conception de l'antiquité, du chef de ses affinités ingresques ; il avait la hantise de la couleur, du chef de son adhésion convaincue au romantisme. Son jeune ami de la trentième année le trouva raffinant ces deux belles formules d'art, ayant inventé des sujets charmants, tels qu'une *Andromède attachée au rocher par les Néréides*, une *Jeune fille pleurant auprès d'un mausolée*, *Sapho* se précipitant ou roulée sur la grève, *La Toilette d'Esther*, *Les Femmes troyennes pleurant leur patrie au bord de la mer*. En imitation directe, le débutant cherche des sujets hors du courant ; ce sont : *La Mort de Darius* (g. m.), la scène du *Cantique des cantiques* où la fiancée est entraînée par les soldats, *Ulysse et les Prétendants* (g. m.), *Hercule et les filles de Thestius* (g. m.), ces deux derniers en un sens comparables au *Tepidarium* de Chassériau, *Les Athéniens au Minotaure*, les *Esclaves jetés aux murènes ;* il projette de représenter *Les Mauvaises servantes* (celles qui trahissent Pénélope et dont Ulysse tire vengeance), *Le Survivant des Thermopyles*, *Le Mauvais riche*, etc.

Puis, Chassériau disparu, en 1856, Moreau s'isole et s'éloigne des formules classées. Les *sujets*, même les sujets vierges, le rebutent ; l'obéissance imposée à l'artiste qui suit un texte pas à pas lui semble une collaboration qui emporte une sorte de servilité, un abaissement. Alors, condamnant la confusion des arts si chère au romantisme, et surtout celle de la peinture avec l'art dramatique, il lance la gageure d'égaler, sans déranger l'harmonie de la ligne et par le seul prestige de la décoration environnante, toutes les suggestions provoquées dans la littérature par l'arrangement des mots, à l'orchestre par l'ordonnance des sons, au théâtre par la succession des gestes.

Baudelaire a dit excellemment, dans son *Art romantique* : « La

1. Voir notre article sur ces peintures, *Gazette des Beaux-Arts*, 1898, p. 89.

passion est chose naturelle, trop naturelle même pour ne pas intro-
duire un ton blessant, discordant, dans le domaine de la Beauté pure,
trop familière et trop violente pour ne pas scandaliser les purs Désirs,

DESSIN POUR « SALOMÉ »
(Musée Gustave Moreau.)

les gracieuses Mélancolies et les nobles Désespoirs qui habitent les
régions surnaturelles de la poésie. » Cela s'applique absolument à
l'art d'un Gustave Moreau. Ne pas déranger l'eurythmie est bien sa
préoccupation première ; en composant, il se soumet de plein gré
aux règles qui restreignent le domaine de la sculpture et de la glyp-
tique ; il choisit un instant décisif au point de vue moral et non

pas un instant pathétique au point de vue scénique. L'amour et la
haine lui échappent ou, pour mieux dire, il les écarte et retourne
à sa méditation sereine.

Voici donc un peintre qui rejette non seulement l'agitation,
mais l'action, non seulement la mimique violente, mais le geste
précis. Il en a peur comme d'une trivialité ; la traduction des sentiments humains par les mouvements des membres, par les flexions
du corps, par les expressions du visage, lui paraît une étude infé-
rieure. Il peint non des actes, mais des états, non des personnages en
scène, mais des figures de Beauté. « Que font-ils ? » demande le spec-
tateur ; à vrai dire, ils ne font rien ; ils sont inoccupés, ils pensent.

Pour la majorité des peintres, il n'y a pas de plastique hors
d'une action définie ; car, en somme, le public leur demande surtout d'illustrer des faits connus, des épisodes touchants, des moments
d'un spectacle où tous les acteurs soient « à leur affaire » [1], et *L'Enlèvement des Sabines* est, en ce sens, un chef-d'œuvre, comme le
Laocoon en parut un à nos pères. L'école française, jusqu'à l'apparition d'Ingres, le statuaire inspiré, a compris l'antiquité comme un
mélodrame assez vulgaire. Elle aimait le clinquant et la pompe,
l'outrance des sentiments, la machination du décor, les expressions
convulsées et les groupements en apothéose ; elle transporta dans le
domaine des arts plastiques les effets des tragédies cornéliennes et
les moyens de l'opéra. Quand la fatigue vint de voir tous ces bras
à jamais levés au ciel, tous ces visages apprêtés, tous ces praticables
immobiles, l'antiquité était discréditée.

Mais, à l'inertie des figures de Gustave Moreau ne trouve-t-on
pas de nobles archétypes ? Ils se présentent d'eux-mêmes au regard,
et nous n'insisterons pas sur leur profond caractère.

Le demi-geste rituel, l'attitude suppléant à l'action triomphent,
à vrai dire, aussi bien sur le fronton du Parthénon que dans le plus
bel art italien. Laissons pourtant l'*Ilissus* et les *Parques* pour citer
deux exemples dont Moreau se réclamait le plus souvent. C'était
d'abord Léonard de Vinci, le calme dieu qui ne sait que sourire.
Voyez la *Sainte Anne* et la *Vierge aux rochers* du Louvre : peu ou
pas d'adaptation du geste ; les figures sont de même âge, d'un sexe
peu accusé, lentes, réservées, dénuées de passion ; les mains

---

1. Cela est sensible quand on emploie des modèles : italiens pour la plupart,
ceux qui sont rompus au métier sont désorientés, au point de montrer de
l'humeur ou de somnoler, lorsqu'on ne les fait pas mettre en action tous leurs
muscles dans une pose qui leur paraisse plausible.

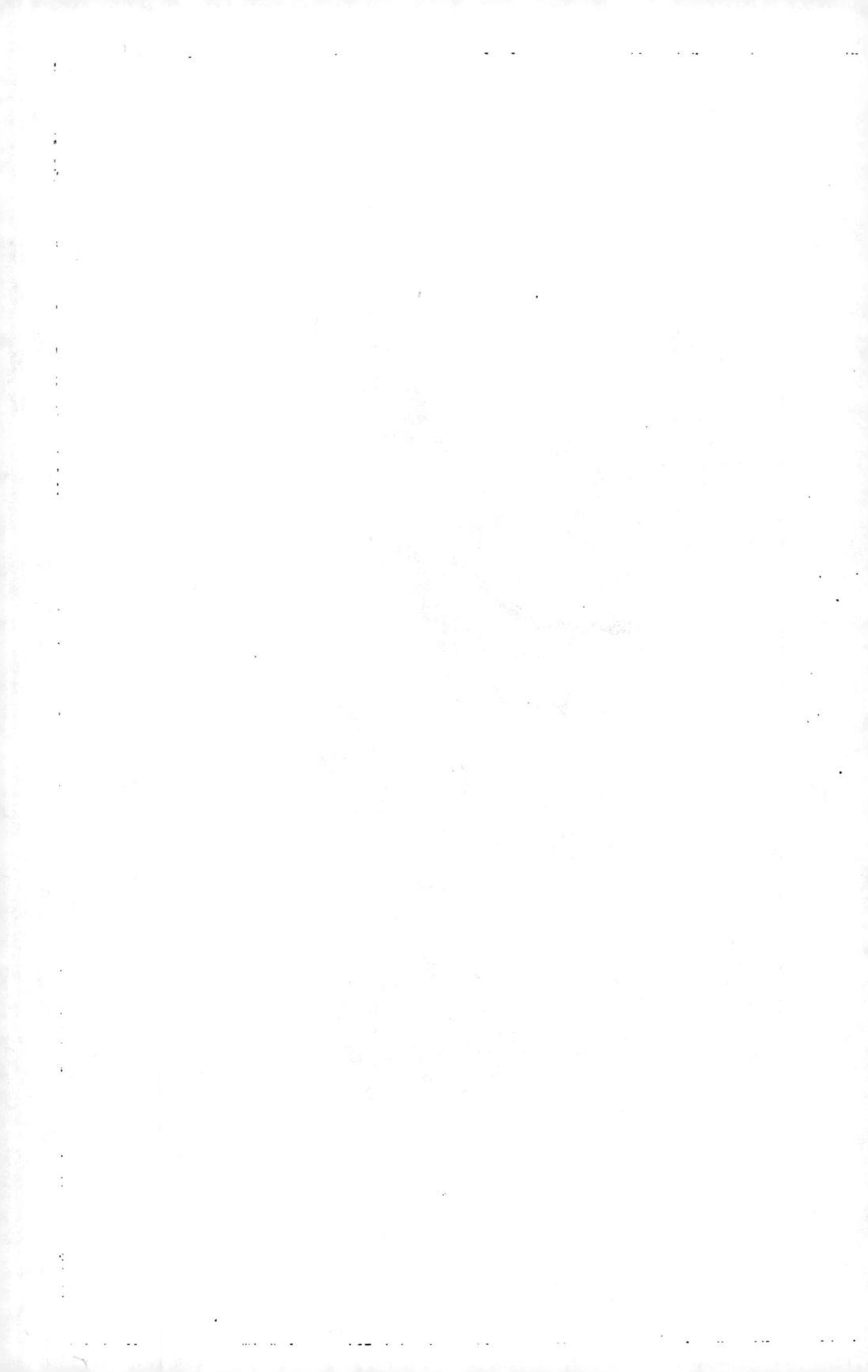

n'agissent pas, les pieds posent à peine sur le sol ; le sentiment est
ambiant, la mollesse générale ; l'expression n'est pas à fleur de peau,
elle est profonde et comme voilée. Voyez encore le Christ dans la

DESSIN POUR « GALATÉE »
(Musée Gustave Moreau.)

Cène de Milan ; voyez tel *Saint Jean-Baptiste*, qui peut-être est un
Bacchus — nous hésitons, en nous souvenant de l'éloquente hésitation de Michelet, à lui imposer un nom : — que montre-t-il du
doigt? C'est l'enchantement de l'œuvre que nous ne le sachions
jamais.

6

C'est, d'ailleurs, avec l'école lombarde que Gustave Moreau aurait les plus proches affinités. En Vinci, en Luini, l'insinuation remplace l'éloquence impérative ; la figure humaine n'a pas d'autre attribut que la grâce ; la vie est immatérielle comme un parfum.

Il attestait aussi Michel-Ange. Ici, plus de langueur, mais une surhumanité morne et lasse. Gustave Moreau s'enflammait en parlant des figures du tombeau des Médicis, des *Prophètes* et des *Sibylles*, aux voûtes de la Sixtine : « Toutes ces figures, nous disait-il, semblent être figées dans un geste de somnambulisme idéal ; elles sont inconscientes du mouvement qu'elles exécutent, absorbées dans la rêverie au point de paraître emportées vers d'autres mondes. C'est ce seul sentiment de rêverie profonde qui les sauve de la monotonie. Quels actes accomplissent-elles ? Que pensent-elles ? Où vont-elles ? Sous l'empire de quelles passions sont-elles ? On ne se repose pas, on n'agit pas, on ne médite pas, on ne marche pas, on ne pleure pas, on ne pense pas de cette façon sur notre planète... »

Ainsi, croyons-nous, doit s'expliquer, par une doctrine pittoresque, l'hiératisme prémédité, mais sans portée mystique, des figures de Gustave Moreau, leur demi-repos, leur insouciance du drame auquel elles président. Nous retrouverons ces caractères dans l'œuvre entier, depuis les *Prétendants*, conçus lors des débuts, jusqu'à l'*Oreste* et aux *Argonautes*, qui datent des dernières années.

Est-ce donc, demandera-t-on, que ce peintre répudie les dénouements de violence et d'horreur, les moments catégoriques, les derniers actes des mythes sanglants, et qu'ils lui paraissent disharmonieux ? Non point : les aventures d'un Phaéton ou d'un Diomède, outre qu'elles emportent une moralité supérieure, se traduisent en silhouettes magnifiques. L'horreur a son eurythmie pittoresque ; elle est héroïque et fatale ; elle ne se décompose pas en gestes familiers et petits, mais en de grandes attitudes. Par là, elle est douée d'une sérénité propre ; elle est, en soi-même, une transfiguration.

PRINCIPE DE LA RICHESSE NÉCESSAIRE. — Un nom qui convie à penser, une forme ou, comme il disait, une *arabesque* dont la placidité soit aussi éloignée que possible des accents de la vie tangible, ce n'est pas assez : il faut un attrait sensuel. Gustave Moreau voulait que l'art du peintre fût luxueux à rendre jaloux les autres arts ; il pensait qu'un tableau doit être rehaussé de tous les ornements auxquels on peut rattacher une signification, paré de toutes les beautés qui tombent sous le sens de la vue.

Il s'en expliquait volontiers, disant : « Consultez les maitres. Ils nous donnent tous le conseil de ne pas faire d'art pauvre. De tout temps, ils ont introduit dans leurs tableaux tout ce qu'ils connurent de plus riche, de plus brillant, de plus rare, de plus étrange parfois, tout ce qui, autour d'eux, passait pour précieux et magnifique. Dans leur sentiment, c'est ennoblir le sujet que de l'encadrer dans une profusion de formules décoratives, et leur respect, leur piété ressemblent à ceux des Rois Mages apportant sur le seuil de la crèche le tribut des contrées lointaines. Voyez leurs Madones, incarnation de leur rêve de beauté le plus haut : quels ajustements, quelles couronnes, quels bijoux, que de broderies sur le bord des manteaux, que de trônes ciselés ! Et quelle mise-bas que celle des saints personnages ! Dira-t-on, cependant, que les pesants orfrois dont il les accable fassent des grands-prêtres de Rembrandt des images de réalisme ? Dira-t-on que le faste royal des Vierges de van Eyck contrarie l'onction ou le recueillement de ces graves figures ? Au contraire, le mobilier somptuaire et les accessoires même, qui se combinent en un étalage d'un prix incalculable dans les œuvres des maîtres du passé, renforcent la ligne du thème abstrait, et l'on voit parfois ces grands génies naïfs jeter dans leurs compositions je ne sais quelle délicieuse végétation, je ne sais quelle faune absurde et ravissante, des moissons de fleurs, des guirlandes de fruits inconnus, des animaux nobles et gracieux.

« Qu'ils viennent des Flandres ou de l'Ombrie, de Venise ou de Cologne, les maîtres se sont efforcés de créer un univers dépassant le réel. Ils ont été jusqu'à imaginer des ciels, des nuages, des sites, des architectures, des perspectives insolites et tenant du prodige, Quelles villes bâtissent un Carpaccio ou un Memling pour y promener sainte Ursule, et quelle Tarse édifie Claude Lorrain pour sa petite Cléopâtre ! Quelles vallées creusées dans le saphir ouvrent les peintres lombards ! Enfin, partout, aux murs des musées, que de fenêtres ouvertes sur des mondes artificiels qui semblent taillés dans le marbre et l'or et sur des espaces *nécessairement* chimériques ! »

C'est ainsi que, se retranchant derrière les maîtres avec une modestie grande, le peintre passionné voulait réhabiliter du même coup, en les expliquant, et la complication de la mise en scène et la somptuosité du détail par quoi ses œuvres ont d'abord tranché dans l'art contemporain. Ajouterons-nous que l'antiquité encore,

telle que nous la devinons aujourd'hui, a donné l'exemple initial
et, d'emblée, abouti aux extrêmes hardiesses? Il suffit de lire Pausanias... Peintes des plus vives couleurs, incrustées de métaux et de
pierres précieuses, parées de joyaux postiches, combien de statues,
dans les *trésors* des temples, ont été les parangons de la richesse
antique? Les Astarté de Golgos, avec leurs monumentaux diadèmes,
leurs tiares fleuronnées, la tête nouvellement découverte à Elche,
c'est l'Asie, la Phénicie; mais la description de l'Athèna chrysé-
léphantine elle-même n'est-elle pas le long inventaire des pièces
d'armure et de vestiaire qui chargeaient la majesté du *palladium*
où la Grèce a concentré son génie?

De tous les temps, les idoles ont porté sur leurs membres les
dépouilles des peuples, et les plus beaux moules de l'art sont toujours
des idoles. Il en est une à laquelle je ne puis m'empêcher de penser
devant la moindre figure de Gustave Moreau : c'est cette austère et
monstrueuse Diane d'Éphèse conservée au musée Pie-clémentin, à
Rome. Sa tête et ses mains ouvertes semblent seules vivre de vie
humaine; car son buste se décompose en trois rangs de mamelles
bestiales; l'armature d'une gaine rigide enserre ses flancs sacrés;
de l'ombilic aux pieds circule la sève de la création naturelle : des
taureaux, des béliers, des griffons, des cerfs, des fauves bondissants,
de frissonnantes abeilles, des fleurs épanouies s'étagent dans les
compartiments de la superbe machine. Et des lionceaux rampent
amoureusement le long des bras; un large gorgerin surchargé de
fructifications arme le col; une manière d'auréole, enfin, un orbe
qui, au diamètre des épaules, étale un nouveau champ au ciseleur,
est, comme un blason, semé de génisses ailées....

Dans l'examen que nous tentons des œuvres les plus caractéri-
sées de Gustave Moreau, cet icone antique, où se résume, en quelque
sorte, toute une philosophie des symboles de l'art, cette déification
composite de la Nature expansive reviendra parfois nous servir de
norme et d'exemple.

— Sphinx dessiné —   —S. M—

CHAPITRE IV

L'ESPRIT ANTIQUE. — LES QUATRE ŒUVRES CLASSIQUES

OEdipe et le Sphinx, Jason et Médée, le *Jeune homme et la Mort*, la *Jeune fille thrace portant la tête d'Orphée* (Salons de 1864, 1865, 1866), — on dirait de quatre cariatides qui soutiennent un portique idéal — sont des œuvres engendrées dans un élan unique et qui suffiraient seules à désigner un créateur infiniment réfléchi. Dans ces quatre toiles de même dimension, ou peu s'en faut, et comportant des figures faiblement au-dessous de la grandeur naturelle, le métier pictural se trouve poussé à son absolue perfection, le plus beau sentiment féconde un art de coupelle, un goût sans défaillance, une matière sans tache ; mais quel sentiment enfin, sinon le frisson poétique et musical où ne se retrempera jamais en vain notre culture moderne ?

Dès ce prologue d'une sorte de *Divine Comédie* dont il enchaînera les chants, Gustave Moreau rompt avec le siècle ; il se lance dans un périlleux voyage à travers le grand cimetière des croyances et des formes ; il semble s'enfoncer dans la forêt des apparences et, là, réveiller les simulacres endormis, les baigner d'eau lustrale, les oindre de baumes et les interroger. C'est une sorte de nécyomancie plastique, une évocation de fantômes, si l'on veut ; mais l'âme du pèlerin évocateur avait toutes les nuances que préfère notre humanité songeuse ; dans les arcanes de la tradition, l'artiste entrait avec le respect et la pitié d'un croyant.

« Je sens mille cœurs en moi », dit un héros de Shakespeare. Or, aimer tant ne va pas sans souffrir : des émotions incorporelles, de fugitives harmonies, des nostalgies imprécises et surtout des récurrences très lointaines hantent les créateurs, et Moreau, si intuitif, si passionné, a naturellement doté les figures de son rêve de cette spiritualité suraiguë, de ce dédoublement des sens et des facultés dont il souffrait lui-même. Au rebours de l'opinion vulgaire, on verra donc bien vite dans tous ces dieux et toutes ces déesses des entités sorties d'un cerveau philosophique toujours maître de soi, mais vraiment scellées d'un sceau nouveau, et, ajoutons-le, exemptes du maniérisme où les écoles étrangères cherchent encore péniblement l'expression sentimentale. Comme Évhémère, nous reconnaîtrons en ces entités notre propre image épurée, et les Grecs, cependant, les eussent admises au Pœcile.

Nous l'avons dit, la source du symbole est tarie ; depuis qu'il a perdu sa foi aux légendes, l'homme n'a su les remplacer par aucune imagination qui charme les sens. Mais l'art a sauvé l'antique symbole, et nous-mêmes, fils d'un âge anxieux de l'avenir, nous interprétons encore selon notre fibre les inconscients chefs-d'œuvre des premiers inventeurs. Nous transportons nos passions ondoyantes dans des récits vieux comme le monde ; nous acceptons les théogonies les plus obscures ; nous supposons aux êtres de raison que célébrèrent d'humbles conteurs, bien avant l'usage de l'écriture, nos joies, nos douleurs et nos doutes ; nous embellissons le panthéisme même, tout en goûtant sa naïveté originelle ; nous recomposons sur les bases de notre philosophie des cultes que nous connaissons à peine, établissant une symbolique adultère où nous mêlons toutes nos sensations personnelles à l'esprit des générations disparues ; enfin, nous retou-

chons et nous modelons à notre ressemblance tous les dieux et
tous les héros d'un Hésiode ; nous nous justifions en disant qu'Hésiode a procédé d'après un instinct identique, et non point Hésiode
seulement, mais tous les compilateurs de l'antiquité.

ÉTUDE POUR « HERCULE ET L'HYDRE DE LERNE »
(Musée Gustave Moreau.)

« Les qualités mêmes de l'esprit grec, ce charmant génie qui
convertit en or tout ce qu'il touche, ont fait des Hellènes d'assez mauvais conservateurs des traditions. Toute fable devient entre leurs
mains un sujet de composition individuelle, un prétexte à d'ingé-
nieuses fictions et à des œuvres d'art d'une éternelle beauté. Jamais
on ne se mit plus à l'aise avec les dieux. De leurs généalogies, diver-
sement tressées, les poètes tiraient sans cesse, comme Glycera faisait

de ses bouquets, des combinaisons originales, des arrangements
inattendus. Voilà pourquoi plus on étudie le passé de l'humanité,
plus la Grèce devient unique et incomparable[1]. »

Ainsi s'explique le fait que le nombre des sujets traités par l'art
antique se soit accru progressivement et qu'il n'ait admis certaines
représentations qu'à son ère de décadence. A la grande époque, bien
des variations littéraires et plastiques n'étaient pas encore inventées;
ce qui est matière à récitation poétique n'est pas d'ailleurs toujours
matière à images. Puis, les deux broderies vont s'enrichissant et se
superposant l'une à l'autre. La littérature nous offre le répertoire
toujours grossissant des thèmes exploités par l'artiste. La *Bibliothèque*
d'Apollodore et les *Argonautiques* d'Apollonius de Rhodes, Hygin,
Philostrate, Quintus de Smyrne, sont d'une heureuse prolixité; les
continuateurs des chants homériques abondent en descriptions là où
ceux-ci n'ont qu'une épithète pour peindre les choses. Que dire enfin
d'un Virgile, d'un Ovide, véritables *spicilèges* de la Fable, dont on
ne saurait décider si leurs poèmes, si propres à provoquer l'éclosion
d'admirables œuvres d'art, ne sont pas déjà la descriprion *de visu* de
tableaux accomplis?

On sait, d'autre part, que bien des mythes antiques n'ont, pour
ainsi dire, point été illustrés par l'antiquité. De maints épisodes
de l'*Iliade*, de l'*Odyssée*, du périple des Argonautes, des métamorphoses les plus populaires, ce semble, de figures sporadiques telles
qu'Orphée, Sapho, on aurait peine à trouver mieux qu'une repré-
sentation sommaire sur quelque miroir ou quelque vase.

Il est un sentiment, d'essence rare, auquel on peut infailli-
blement mesurer la finesse d'une œuvre peinte et dont Gustave
Moreau tire des ressources supérieures : c'est celui que Baudelaire
a nommé le premier le *sentiment de la correspondance*. L'expression du critique est désormais consacrée et ce n'est pas ici le lieu
d'en étudier toute la portée; mais, en développant le parallélisme
secret qui, dans les créations poétiques, doit unir chaque état de
l'âme à un état correspondant de la nature inanimée, en s'efforçant
de définir l'attitude mystérieuse que les objets naturels tiennent
devant le regard de l'homme, Baudelaire en vient à ceci, qui coïn-
cide point pour point avec l'esthétique d'un Gustave Moreau :
« Comme un rêve est placé dans une atmosphère colorée qui lui
est propre, de même une conception, devenue composition, a besoin

1. Ernest Renan, *Nouvelles études d'histoire religieuse*, p. 39.

Gustave Moreau pinx.   Jean Patricot sculp.

MÉDÉE ET JASON

Gazette des Beaux-Arts.   Imp. Ch. Wittmann

de se mouvoir dans un milieu coloré qui lui soit particulier. Il y a un ton particulier, attribué à une partie quelconque du tableau qui gouverne les autres tons... Tous les personnages, leur disposition relative, le paysage ou l'intérieur qui leur sert de fond ou d'horizon, leurs vêtements, tout, enfin, doit servir à illuminer l'idée générale et porter sa couleur originelle, sa livrée, pour ainsi dire. Un tableau fidèle et égal au rêve qui l'a enfanté doit être produit comme un monde. »

Paysagiste d'illumination, Gustave Moreau ouvrit, en effet, à la Fable, des horizons dignes d'elle. Il les voulait parfois, comme elle, hors de mesure, artificiels, distillant l'effroi ; lui qui proclamait Corot le plus grand maître du siècle n'a que bien rarement goûté le repos de la naïve idylle. Pour évoquer un peuple de héros, il fallait créer une terre épique, un cosmos exagéré qui parût sortir du chaos ; il fallait tailler des montagnes menaçantes, car les premiers hommes redoutaient les montagnes : ils y plaçaient la demeure des dieux et les repaires des monstres, c'est-à-dire le siège des grands météores ; il fallait amonceler les blocs, bâtir des tours aussi hardies que les congélations des *séracs*, aussi hérissées d'aiguilles que la banquise polaire ; il fallait ménager des corniches en surplomb, évider des cavernes, des pertuis et des arcades, creuser des lacs de pestilence, des abîmes de vertige. Dans les plans basaltiques de ces sommets et de ces gouffres, le coloriste a d'ailleurs libre carrière ; les bleus profonds, les roux sanglants s'écrasent sur la toile, se strient d'arêtes cristallines, se veinent de coulées et d'irisations ; mais toujours le décor obéit à des pondérations pour ainsi dire architecturales ; Moreau ne devait-il pas, dans l'évolution de son génie, devenir un prodigieux constructeur de palais imaginaires, à qui ne coûtaient pas tous les trésors d'Ophir ?

Quand l'*Œdipe* parut, un grand succès l'accueillit, mais on crut y discerner, dans l'affirmation volontaire et rigide du style, une imitation sporadique des premiers maîtres naturalistes italiens. Le reproche était futile et ne marquait autre chose que l'étonnement de la foule devant une conception de l'antiquité si éloignée de la tradition des ateliers et de l'Académie. C'était un temps mauvais, où le peintre ne devait pas se hausser, sous peine d'ostracisme, à réfléchir, et l'art officiel de cette époque est pour la France une honte historique. Or, le tempérament de Moreau le portait à aborder, dans le plus dangereux corps à corps, des fictions peu familières au public

7

et rarement représentées, et nous avons dit qu'il s'était fait une
doctrine propre qui devait l'isoler dans le cercle de ses contemporains. Nous sommes donc en réalité aujourd'hui ses premiers juges
experts et désintéressés.

De par cette doctrine même, on sent bien que la rencontre
d'Œdipe et du Sphinx femelle a pour un Gustave Moreau de hautes
significations. Beaucoup de légendes furent bâties autour de la
donnée du secret qui sauve et qui tue; et les paroles obscures et
terribles proférées par la fille d'Échidna ressemblent au fracas du
tonnerre, voix prophétique intelligible aux dieux seuls. Mais déjà les
Grecs ont humanisé la cosmogonie védique en artistes consommés;
ils tiraient argument d'un vieux mythe solaire pour s'effrayer eux-
mêmes au récit des mauvaises heures que l'homme a traversées,
pour admirer les détours de la fatalité, pour exalter les héros qui
purgèrent la terre des monstres primitifs. L'esprit moderne n'a rien
pu substituer à de pareilles affabulations; il use encore aujourd'hui
des métaphores séculaires. Elles transportaient Moreau, surtout
lorsqu'une dose de mystère y complique les mobiles initiaux, et
c'était le cas ici. Au nombre des monstres helléniques, tous si ingénieusement articulés, le Sphinx est le plus fascinant; il incarne la
perversité par une malignité sans exemple, par l'ascendant d'une
intelligence savamment meurtrière, et doit perdre sa force avec la
vie quand, dans ses yeux de velours, l'initié que les oracles ont
prédit lira le mot célé. En un jeu cruel et raffiné, les dieux ont
d'ailleurs fait de l'énigme une arme virtuelle dont le tranchant est
double; indomptable aussi longtemps que nul n'aura percé le secret,
la créature de ruse doit mourir aussitôt devinée. Elle est à la fois
victime vouée et bourreau détestable.

Point de violence ni de sang, mais seulement deux regards qui
se croisent. Point de duel ni même de dialogue explicite entre les
beaux antagonistes, mais un calme groupe où l'homme et la bête
affrontés découpent sur un seul plan leur profil net et grêle — à
peine, auprès d'eux, quelques accessoires fragmentaires. — C'est
moins un tableau qu'une combinaison héraldique refouillée, à
patients coups de stylet, sur le champ d'une étroite intaille.

L'homme, au corps nerveux comme celui du *Persée* de Benve-
nuto, adossé à la muraille de roc dans le nonchaloir des êtres intan-
gibles, s'appuie sur un javelot; le chapeau rejeté sur la nuque, le
manteau précieusement abandonné et traînant à la hanche sont d'un
voyageur qui fait halte; le cou ployant, le visage allongé et taci-

turne, le crâne haut et lourd, les longs cheveux annoncent un
type adolescent que Moreau se composa hors du moule antique et
qu'il a prodigué. Sans haine et sans merci, penchant la tête un

LE SPHINX DEVINÉ

peu, à mêler son haleine au souffle de l'ennemie, le héros thébain
couvre d'un regard assuré la froide face qui darde le défi : il va pro-
noncer, sans avoir frémi, le verbe mortel et bref comme l'éclair.

La bête à triple nature, lionne ailée à gorge de vierge, au masque de reine invaincue, est petite et formidable. De la lionne, elle a

l'échine forte et souple qui se cambre en arc, le ressort gracieux de
la croupe ramassée par le bond félin, les fortes pattes qui caressent
et déchirent. Ses ailes de rapace, insérées puissamment aux flancs,
dessinent leurs pennes sur l'azur et s'éploient dans le battement du
vol plané. Mais, femme enfin, les seins pointant, crispée dans ses
muscles de fauve et dans l'épanouissement de sa chair en fleur, elle
offre une fois de plus le combat fatidique. Verticalement accolée au
torse de l'éphèbe, rampant à demi et adhérant sans pesée, par le seul
effort de tout son désir, elle prend possession de la proie qui semble
promise à ses appétits par les dieux éternels.

Quelle incomparable minute d'angoisse à jamais suspendue !

Or, on voit, dès cette œuvre, où tend l'art de Moreau. Lui aussi
nous propose un problème, trace devant nos yeux une équation plastique et s'en remet à nous du soin de la résoudre. Il ne fait cas que
des attributs spirituels, et nous ne devons nous attacher qu'à ceux-là.
Un grand silence règne ordinairement sur la scène, car les décrets
du Destin s'exécutent avec solennité ; une invisible égide en rend
l'exécuteur invulnérable, et par là se justifie la majestueuse inaction
des héros prédestinés.

Les Anciens ont bien souvent dessiné sur l'argile le monstre
issu de leur imagination et qui fut fréquemment confondu, à partir
d'Hérodote, avec ces lions couchés et à buste humain dont étaient
bordées les avenues des temples égyptiens. Overbeck a recueilli ces
naïves illustrations. Il en est où Œdipe met le Sphinx à mort sans
qu'il résiste. Moreau revint après des années à cette histoire de
guet-apens grandiose, pour en tirer des éléments d'effroi nouveaux.
Dans *Le Sphinx deviné* (E. V. 1878), il ne se tient plus dans les mêmes
réserves, pour ainsi dire sculpturales, que dans l'œuvre maîtresse, et il atteint à un diapason d'horreur romantique étrangement
élevé : au lieu d'une perspective abrégée, il ouvre dans les monts
de lapis un gouffre où la bête vaincue se précipite ; elle a perdu
sa raison d'être et, déchue de sa fière hégémonie, blessée à mort
dans sa force et dans son honneur, plonge éperdue dans l'abîme,
avec un hurlement de féminine détresse dont l'écho nous obsède.
Pivot du drame, Œdipe mesure le monstrueux suicide ; dressé parmi
le charnier maudit, il découpe sur les flancs du Phikion sa venge-
resse et placide image.

Dans une autre variante, le voici poussant du pied dans le vide
sa lugubre adversaire ; ou bien, remontant aux origines de la terreur
thébaine, Moreau nous figurera l'être mauvais dans son antre et

surpris en ses sanglantes agapes ; guerriers, poètes et rois, toutes les
castes du monde épique, expirent sous sa griffe, cependant qu'un
imprudent voyageur apporte encore au Destin sa pâture.

Jason et Médée !

Après les dures arêtes d'un estampage d'airain, toute la mollesse
d'un marbre malléable et pétri de chaste abandon. Après l'anxiété
d'une inhumaine tragédie, le sourire et la volupté de l'âge d'or. La
seconde œuvre, en son relief apaisé, semble un grand camée onc-
tueux et ambré, dont les couches se fondent.

Est-ce donc là la vénéneuse Colchide ? Est-ce là la « prudente »
Médée, vouée au mal par la jalousie divine et dont les philtres com-
mandent aux éléments ? Est-ce là Jason l'aventurier ? Un jet de
nudités heureuses au sein d'une nature impolluée ; un val trempé
de rosée, jardin clos, paradis de la Genèse aryenne entr'ouvert pour
les fiançailles d'un couple édénique ; le bruissement de la création
se résolvant en suave épithalame. Deux tendres pubertés, gorgées
de sève amène, unissent leur candeur et marient leur triomphe : le
héros et la fée ont conclu ce pacte ; leurs membres fuselés, leurs
délicats visages ignorent les travaux et les peines ; impassibles de
corps et d'âme, ils s'ignorent eux-mêmes et le monstre que foulent
leurs pieds d'ivoire ne les fit pas trembler ; car une subtile magie
préside à leur conjonction comme à leur victoire, et les incantations de Médée furent ses premiers gages d'amour.

Quel plus parfait exemple de la souple verdeur et de l'envelop-
pante innocence par quoi Moreau vivifiait les héros toujours jeunes ?
Ces deux êtres sveltes et inoccupés, d'une indolence divine, laissant
errer leurs fines mains — leurs doigts se serrent si peu sur de très
simples hochets ! — ces deux simulacres d'une humanité sans tache,
n'habitent-ils pas, plus loin encore que la Colchide bienheureuse, le
miraculeux royaume d'Utopie ?

Regardons de plus près. Moreau n'a peint nulle part une gloire
de chair plus radieuse, et on pensera sans doute qu'il a donné ici le
canon de son plus beau dessin. L'*arabesque* des deux figures épouse
les courbes les plus harmoniques ; leur modelé s'arrondit en ressauts
de nacre polie ; la pulpe de leur épiderme respire sous les vitrifications d'une pâte translucide. Ce n'est plus vers un Pollaiuolo, vers
un Mantègne ou même vers les sées d'un Vinci que le souvenir
remonte ; c'est vers les attraits androgynes d'un Sodoma profane.
A peine ému de l'absolu repos, Jason lève un bras, et c'est assez,

puisque son poing droit, muni du stylet rituel, se hausse, pour le
rompre, jusqu'au lien de perles par quoi la tête du bélier est attachée
au cippe ; une élégante écharpe coupe ses hanches, une mince épée
au fourreau glisse presque de la main gauche ; ses longs cheveux de
soie sont coiffés d'un petit armet de parade... Et pourtant, le drame
est révolu ; ce mièvre chevalier vient d'abattre le dragon ; la guivre
aux replis de serpent expire, l'aile brisée, lamentable, sous le talon
de l'enfant ; la Toison d'or, enfin, dépouille du bélier solaire, avec
les pierreries, les chapelets, les amulettes, tous les menus fétiches
suspendus à la colonne votive, la Toison d'or et Médée ne sont plus
qu'un même trophée vers lequel il ne se détourne pas.

Ingrat ! Médée n'a-t-elle pas préparé les voies ? Admirez-la,
déceinte, appuyant sa main mignonne et despotique sur l'épaule
de l'étranger pour qui elle a trahi son père ; elle attend que Jason
— *muneris auctorem secum spolia altera portans* — l'emmène dans
Argos, afin qu'elle y sème des crimes dont la scélératesse fera
frémir la douce Hellade. Son front est d'une Madone ; elle semble
jouer à l'Ève immaculée ; un lacis de floraisons festonne sa gorge
nue ; mais un aspic s'y mêle ; elle tient en son giron la minuscule
ampoule où se conserve je ne sais quel opium exécrable, et la séduction de ses artifices maudits n'est qu'un nouveau défi de la Fatalité

Gustave Moreau se meut à plaisir dans les conflits de sentiments, dans les psychologies ambiguës, dans les enchevêtrements
mystérieux du Bien et du Mal. C'est pour cela qu'il fut accusé de
magie lui-même. Et, de fait, il ne connut pas de tempérament à
son ardeur. Plus de trente ans après qu'il avait subi la séduction
première du mythe de la Toison d'or, le libretto ne lui parut point
épuisé. Le *Jason et l'Amour* de ses dernières années nous montre
un Jason déployant le même geste large, assuré d'impunité par le
souriant Éros ailé qu'il porte sur la bras gauche. Et Moreau voulait
encore, quand la vie l'abandonna (1897, G. M.), peindre cette Argo
dont le mât, fait d'un chêne de Dodone, émettait des oracles. Il y
aurait eu là une figuration d'apothéose, oisivement groupée sur une
nef théâtrale, bosquet flottant aux antennes inutiles et fleuries, un
tableau de ces poèmes disparus qui célébraient les périples des premiers conquistadors et leur prince aimé des dieux. La toile est à
peine ébauchée....

C'est en parlant des deux œuvres suivantes que Moreau me
disait : « Mon cher enfant, si vous les aimez, c'est que vous en goûtez

Imp. Ch. Ehrmann

la musique, notre musique à nous qui devons être avant tout des *peintres....* »

Le Jeune homme et la Mort est, en effet, un aboutissement supérieur qui dépasse les fins ordinaires de l'art de peindre, où la matérialité des formes s'efface étrangement devant l'abstraction de pensers complexes, où l'image tangible s'éthérise hors du cadre en fumées d'encens, en douloureux accords. Moreau tira du chagrin de son cœur cet emblème et en consacra la pieuse invention par cette épigraphe qui fait penser au « Salut ! » des épitaphes grecques : A LA MÉMOIRE DE THÉODORE CHASSÉRIAU.

Et c'est bien, à la vérité, un hommage poétique à un adolescent brusquement disparu. Où donc était allé le maître, l'ami, la jeune créature fauchée ? Dans les musées de l'avenir, on se demandera si, devant cette peinture sépulcrale, nous n avons pas entretenu quelque lampe... On ne saura pas nos oublis, notre ingratitude ; l'œuvre de Moreau sera comme une offrande réparatrice à ce génie infortuné.

Mais la délicatesse innée de Moreau lui fit adopter ici tous les ménagements de la poésie antique à l'égard de la Mort. Oh ! non, point de colère divine ni d'humiliation humaine ; point de rites macabres ni de rapt brutal ; point de larmes même ni d'inquiétantes couleurs. Les *Moires* d'Homère étaient belles et tristes, et jamais les Anciens n'ont commis l'erreur de prêter à la Mort des caractères repoussants. Ils évitaient de la représenter ou le faisaient par des symboles empreints d'une grâce douloureuse, par des figures telles que les Harpyies désolées, les Psychés en pleurs. On parlait un langage ami aux défunts ; l'*Anthologie* nous a conservé mille dictons affables à l'adresse des êtres jeunes prématurément ravis, et les stèles funéraires attiques, avec leurs mâles apostrophes, avec leurs sentences consolatrices, sont les plus touchants monuments érigés à l'*euthanasie*.

La mort était un enlèvement, un voyage qu'on faisait entre les bras des deux fils de la Nuit, divinités ailées qui volaient sans bruit, comme des grands papillons. Moreau la conçoit ici sous la forme d'une apothéose élyséenne. Nul trouble dans ce grave *In memoriam*. D'une héroïque enjambée, l'éphèbe a passé le seuil de Hadès, les portes d'ivoire de la vallée des Mânes; intact en son élégance terrestre, il vient vers nous dans la demi-nudité des forts et, d'un large geste augural, couronne de laurier son beau masque viril. Dans sa droite, un bouquet de narcisses; à ses pieds, l'Antéros éploré manie le flambeau qui s'éteint; puis, allongée dans l'inconscience et la méditation non pas volante, mais ne touchant point terre, un bras étendu pour maintenir l'épée et le sablier, l'autre plié vers son visage, coiffée de fleurs, une larve assoupie, gardienne des silences éternels. Certes, le thème de l'œuvre, c'est la déification du génie vainqueur du néant et se décernant à lui-même les suprêmes honneurs. Cette belle figure qui coupe la composition en diagonale — nous la retrouverons ailleurs — n'est que le symbole atténué de l'irrémissible tristesse, l'hiéroglyphe imagé, j'oserai dire, de la Fatalité.

S'il fallait choisir un type unique de l'art de Moreau, cette œuvre-ci pourrait prétendre à la première place [1]. Elle est issue d'une inspiration spontanée ; elle a des significations simples et profondes — une page de Platon n'a pas un plus noble accent religieux ; — elle condense aussi, dans une matière au grain parfait, cent traits de pureté technique. L'expression du spiritualisme y atteint à sa plénitude, sous les espèces d'un art singulièrement sobre et fort ; mais, surtout, l'œuvre contient la plus noble émotion humaine. Elle est musicale et rythmée à l'égal des plus poignantes symphonies : tel, sous des voûtes d'ombre, un pathétique *andante*.

Enfin, venons à la quatrième œuvre classique, plus tendre encore, s'il se peut, et plus prochaine de nos intimes harmonies. Le beau nom d'Orphée semble y réveiller mille échos plaintifs ; on dirait qu'elle fut peinte aux sons mêmes de la lyre aimée.

C'est dans le lit d'un fleuve dont les tristes méandres se perdent en lagunes parmi d'ingrates rocailles, sous un ciel morne et pesant qui roule des nuées. Du poète lacéré par les Ménades la tête incorruptible a surnagé, la lyre échoua sur le sable ; et l'être qui recueille la double épave est une fille de cette barbarie hyperborée où il semblait aux Anciens que la terre fût à jamais de glace. Toute vêtue de soies fines, strictement ajustées, et de brocarts d'Asie, elle n'est pas la Grecque au sein nu, mais la Thrace qui descend des montagnes neigeuses ; elle emporte à pas lents son doux fardeau funèbre, et de sa paupière abaissée tombe un regard indécis, humide à peine d'ignorante songerie, chargé d'une tiédeur discrète où l'âme dort. Et, plutôt que la sienne, c'est bien notre mélancolie qui déborde, toute notre compassion inexprimable qui s'anime et qui promène en les berçant les premières reliques d'un culte indéfini.

Ainsi l'a voulu le peintre, continuateur inspiré du touchant

1. Une aquarelle du musée du Luxembourg (don Charles Hayem) permet, par d'imperceptibles variantes, de pénétrer toutes les intentions du maître.

JEUNE FILLE THRACE PORTANT LA TÊTE D'ORPHÉE
(Musée du Luxembourg.)

8

roman que le bon Protée racontait avec des larmes au petit Aristée.
Il a mis là tous les tressaillements de son âme. Or, il n'est pas
d'œuvre moderne qui témoigne d'un tact plus exquis en une rencontre de sentiments mieux concertée. La pitié de l'idée s'enveloppe, en effet, d'atours matériels qui lui font une adorable livrée
de deuil ; il semble que des parfums musqués se mêlent à de pieux
aromates, que, sur la gracieuse figurine, toutes ces étoffes ouvragées,
ces robes aux menus plis, ces bijoux rendent plus navrante l'énigme
d'un si tendre visage sans flamme.

Laissons nos regards errer sur tous ces objets si doux, suivre la
ligne juvénile des membres dans leur souple fourreau, caresser les
mains fines, descendre aux pieds sans défauts. L'œil s'étonne du bel
ajustement, unique en rareté, en scrute chaque pièce à loisir, en
recherche le style et l'origine, hésite et reprend avec ravissement.
La coupe et la monture de la longue tunique à manches étroites et
de la robe vert d'émeraude au pectoral brodé de palmettes, le châle,
la ceinture, l'épaulière mêlent étrangement au goût grec et à des
traits empruntés au costume phrygien une imperceptible saveur
indienne : il s'en faudrait de peu que cela ne convînt à une Apsara
glissant aux bords du Gange. Puis, grâce peut-être au type humanisé
de la tête, laissée nue et privée de tout ornement, des similitudes
apparaissent avec un vêtement féminin idéal qui, sans nous être
familier, obéirait à des raffinements contemporains. Enfin, l'harmonie colorée des tissus — des bleus, des verts, des roux exquise-
ment rompus, — leur duvet, pour ainsi dire, et leur miroitement
rappellent les discrètes parures que revêtent certains lépidoptères ;
leur éclat sobre se rehausse au voisinage des tons fauves qui imprè-
gnent cette berge stérile, où le maigre citronnier sauvage perce à
regret, où se traînent les petites tortues des torrents asséchés. Comme
d'une chrysalide lustrée, ocellée de gaufrures, le col virginal jaillit
du corselet. La tête blonde, inclinée, savamment coiffée de tresses
enfantines, paraît lourde d'un rêve hésitant ; mais le pas balancé
de la paresseuse femmelette contraste amèrement avec le navrant
débris qu'elle emporte. Et nous crions miséricorde ; car, la tête
d'Orphée, disposée sur la lyre magnifique, découpe entre les bras de
l'étrangère ses traits délicats, apaisés, détendus, sa bouche d'Art et
d'Amour pâlie, fermée sur le dernier soupir d'une agonie divine...

Pour le peintre, pour nous comme pour la tradition, Orphée
est la première et la grande victime poétique, l'apôtre inspiré qui
mua la face du monde. Ce qui meurt avec lui, c'est l'art civilisateur,

la miraculeuse musique. Mais notre pensée est conviée à voler outre
encore. Ne remonte-t-elle pas jusqu'à la fatalité d'Eurydice deux
fois perdue ? Ce nom flottait naguère parmi les brumes ; ces lèvres
de marbre l'ont redit sept mois durant :

> *Septem illum totos perhibent ex ordine menses,*
> *Rupe sub aeria, deserti ad Strymonis undam,*
> *Flevisse et gelidis haec evolvisse sub antris,*
> *Mulcentem tigres.....*

L'écho n'est plus ; l'âme est envolée ; la lyre est morte, cette
lyre qui charma Cerbère et les dieux infernaux... Comment en
serait-elle émue, cette fille de Ciconie, une de celles peut-être dont
Orphée dédaigna les appels ?

Une mystérieuse concordance, cependant, fait sympathiser la
nature à ce drame silencieux, à ces froides obsèques. Un demi-jour
opalin éclaire ces confins du monde ; un sommeil subtil, une stagnation de malaria engourdissent les choses ; on entend seulement une
petite flûte, un refrain ironique, modulé par des bergers, là-bas, sur
une roche de l'Èbre.

Parvenus ici, nous pouvons désormais marquer un dernier trait
capital, lire une orientation dominante dans une portion de l'œuvre
de Moreau. Au fond de ces vastes sujets, comme au fond de toutes
les légendes humaines, n'y a-t-il pas un thème inspirateur unique :
la beauté de la femme ; et un axe philosophal sur quoi tourne tout
l'*organum :* la Fatalité ?

Oui ; on aperçoit sans peine que Moreau n'a pas plus séparé l'une
de l'autre que ne l'ont fait toutes les littératures du monde. On ne niera
pas, en effet, que les deux termes ne s'aimantent et ne s'attirent
mutuellement dans tous les arts et depuis des siècles ; autant vau-
drait nier que le Désir et la Fatalité ne soient les grands dieux de
l'*Iliade* et de l'*Odyssée* et qu'aux Sirènes des poètes antiques ne
réponde la *fata Morgana* celtique ou la *Lorelei* de Henri Heine. On
le sent assez pour qu'il soit inutile d'insister : la fusion est intime ;
l'abstraite fatalité prend un sexe dès les origines et s'exerce par la
femme dans les plus vieux *agadas* comme dans le cycle de la Table
ronde, dans l'*Orestie* grecque aussi bien que dans le roman à la mode.
Oui, c'est bien sur le thème de la fatalité féminine que la moitié
de l'œuvre de Moreau, peut-être la plus caractérisée, est fondée ;
mais, si l'on nous a compris jusqu'ici, à Dieu ne plaise qu'on voie

là l'effet de quelque *morbus sæcularis* ou d'un pessimisme infécond :
c'est simplement le plus fort des ressorts dramatiques, et le plus
traditionnel aussi, que le peintre a su remettre en vigueur.

La femme tient donc, sur le théâtre héroïque de Gustave
Moreau, un personnage inconscient et cruel, un rôle qui prête à des
nuances infinies, à des accompagnements, à des toilettes de tous les
styles. La Némésis antique s'incarnait dans la Sphynge, dans les
Gorgones, dans Scylla, dans les Harpyies, les Sirènes et bien d'autres
phantasmes, et le peintre a retrouvé le sens et la poésie de pareils
épouvantails. Mais, plus fatal cent fois que ces êtres stigmatisés est
le cortège des créatures de beauté purement humaines par lesquelles
l'homme a souffert jusqu'à la mort ; et le peintre a retrouvé, au
bord du Léthée, leur reine, la tragique Hélène d'Homère ; il a
même retrouvé une de leurs sœurs, cachée — chose horrible et
merveilleuse — au fond du harem oriental.

CHAPITRE V

Dix ans ont passé.

Qu'on se rappelle les Salons de cette décade de 1866 à 1876. Quelle stagnation! Quel niveau constant dans la médiocrité! Quelle servilité dans les esprits! En réalité, l'art véritable s'élabore loin des Salons et les dates révolutionnaires s'annoncent au dehors. L'art officiel est en train de perdre la partie : par haine de l'histoire et de la fiction, dont le pédantisme académique a souillé les sources, le jeune sang des peintres va les rejeter vers la nature *naturante*. Un arc-en-ciel semble apparaître, pendant que grandit Puvis de Chavannes, l'arbre immense sous les rameaux duquel s'abriteront des générations frémissantes comme un essaim...

Gustave Moreau a fui les Salons; il a poursuivi son rêve et ce rêve l'emporte de plus en plus outre la sphère humaine et les spectacles prochains, dans une sorte d'éther raréfié où de la mort il fait germer la vie.

Le tableau et la vaste aquarelle représentant *Salomé dansant devant Hérode* qui furent exposés en 1876, frappèrent grandement les esprits armés pour l'examen et laissèrent la foule sous l'impression d'une surprise des sens analogue à celle que procurent l'opium et les incantations des derviches. Œuvres d'éclosion purement cérébrale, on ne pouvait rattacher ces images à aucun prototype d'inspiration païenne ou sacrée ; imprégnées d'une poésie sauvage et rythmée, elles sortaient de la dramaturgie picturale en un élan brusque et puissant et s'émancipaient de toutes les classifications connues. Pour beaucoup de contemporains, elles résumèrent l'esthétique de Gustave Moreau ; une littérature adventice les a prônées et commentées avec le parti pris d'y découvrir des dépravations occultes : il est nécessaire de les purifier de ces paraphrases suspectes et, pour ainsi dire, de les exorciser.

Certes, le sujet n'est pas d'invention nouvelle et se laisse aisément pénétrer ; la danse de Salomé devant Hérode n'a-t-elle pas été figurée maintes fois. La liste serait longue à dresser, mais quelles rencontres charmantes et infiniment variées chez les miniaturistes, puis chez les peintres et les sculpteurs de toute l'Italie, et jusque chez les artistes lointains des Flandres ! Rien que dans Florence, il faudrait interrroger Giotto, à Santa Croce ; Andrea Pisano, sur les portes, et Verrocchio, sur le *dossale* d'argent du baptistère ; Ghirlandajo, à Santa Maria Novella ; Andrea del Sarto, au Scalzo ; à Prato, ce seraient Filippo Lippi et Mino de Fiesole ; et aux maîtres toscans répondent, avec la même émotion naïve et pure, Memling à Bruges, Quinten Massys à Anvers, van der Weyden, etc. Sans parler des Salomé recevant de la main du bourreau ou emportant sur un plat la tête du premier martyr — figures qui furent chères surtout à l'école lombarde, justement pour l'ambiguïté de leur personnage et la perversité de leur sourire. — La séduction du tétrarque par la danse de l'odalisque précédait logiquement, dans les histoires peintes, la décollation de saint Jean-Baptiste dont elle est le prologue ; et le caractère profane, cruel — j'allais dire romanesque — et volontiers licencieux de l'épisode, est sans doute ce qui l'empêcha de tomber franchement dans l'iconographie populaire. Gustave

ave Moreau pinx.

SAL...E

Héliog. J. Chauvet

...ctie des Beaux-Arts

Imp. Paul Moflie.

Moreau se saisit du thème incomparable, y mit, pour ainsi dire, sa griffe et le fit sien.

Or, il était sien, en effet, par son essence intime. Loin de sortir du cercle des pensers philosophiques où il a puisé l'inspiration de la Sphynge et de Médée et d'où naîtra une Hélène, Moreau reste fidèle à cette prédilection que nous lui reconnaissions tout à l'heure pour les inconscientes tragédies de la Fatalité. Le voici vivant de longues années sous l'obsession de ce nom de femme, hanté par la vision d'un geste impitoyable, par l'horreur de ce sang de juste versé pour la grâce d'un être fatal et beau ; car, ce qu'il demande à l'amer récit de l'Évangile, c'est encore un monstre à peindre, un monstre femelle encore, dont la force réside à la fois dans sa beauté charnelle, dans la pratique d'artifices maudits, dans une malignité spontanée ou suggérée. La syrienne Salomé devient ainsi, par le désir qu'elle a conçu ou par la vengeance qu'elle sert, l'incarnation d'une harmonieuse et navrante énergie du Mal, l'ouvrière d'un de ces crimes démesurés qu'il appartient à l'art de magnifier.

Le harem, en son abside la plus reculée, prison d'onyx incrustée d'émaux, crypte monumentale aux portiques emplis de silence, baigne dans une religieuse pénombre et dans l'*aura* spéciale aux longues minutes d'attente dramatique, dans l'*aura* qui glace les moelles et prépare aux pires hallucinations les esprits vacillants. Émanée de baies lointaines, la poudre d'or du couchant flotte bien entre les fortes colonnes, comme pour rattacher à la terre des vivants cette architecture sépulcrale ; mais des lampes luisent, des parfums brûlent, d'insaisissables richesses scintillent à la façon des cristaux et des stalactites dans les abîmes ; et des êtres animent cette immense caverne : les sons étouffés d'une mandore s'égrènent, on entend un cliquetis de joyaux, un froissement de soies et d'orfrois. Quels acteurs suppose donc un décor où suinte la peur mystique, où la mort plane, sinon de merveilleux automates, des spectres engendrés par la fièvre, des créatures pâlies, énervées et déchues ?

Tel est le triste Hérode. Immobile et décharné comme un yoghi, accablé sous le poids de sa tiare de satrape, il semble une momie roulée dans ses mousselines, un ascète insensible, ankylosé dans sa majesté de larve royale ; et, du haut de son alvéole d'or, pareil au cataleptique absorbé dans un *nirvana* sans fond, ses yeux vides regardent les destins s'accomplir. On dirait d'un de ces fétiches taillés dans une racine de mandragore au nom desquels les races

sauvages se lancent au carnage ; le trône avec lequel il fait corps a
la structure d'un autel ; un porte-glaive, muet exécuteur, attend la
sentence exécrable ; et la blême Hérodias, avec la musicienne, se sont
blotties dans l'ombre, des fleurs jonchent le pavé, une petite panthère
noire, le *nimr* du désert, bâille et s'étire, flairant l'odeur du sang.

*Cumque introisset filia ipsius Herodiadis et saltasset et placuisset Herodi, simulque
recumbentibus, rex ait puellæ : Pete a me quod vis, et dabo tibi.*

Et juravit illi : Quia quidquid petieris, dabo tibi, licet dimidium regni mei.

*Quæ cum exisset, dixit matri suæ : Quid petam ? At illa dixit : Caput Joannis
Baptistæ.*

*Cumque introisset statim cum festinatione ad regem, petivit dicens : Volo ut pro-
tinus des mihi in disco caput Joannis Baptistæ.*

Et contristatus est rex [1].....

Elle plut à Hérode..... Avec un art infini, où l'intuition le dis-
putait à la fantaisie, Moreau résolut du premier jet la plus difficile
de ses créations. Dans le champ d'un décor surabondant en richesse
arbitraire, Salomé lui apparut magnifique et presque sacrée. Si rien
ne devait rappeler la débauche vulgaire, tout devait concourir à
exalter la sensualité supérieure que la danse orientale éveille.
Blanche de fard, grasse et le visage atone, la docile esclave, formée
pour le plaisir au fond du gynécée, ignore encore quel prix paiera
son triomphe : dressée sur les orteils, rigide et crispée sous la
charge des pierreries qui constellent ses écharpes, ses ceintures,
ses robes traînantes, un sommeil magnétique la possède et la ravit
toute ; et ce glissement à menus pas, c'est un exercice solennel,
vaguement liturgique, pour lequel l'officiante a revêtu des atours qui
emprisonnent ses membres et coiffé la haute tiare ovoïde qui raidit
sa nuque. Telles les hiérodules des temples dansant devant le
Saint des Saints.

Elle entre, et le vent du Désir la suit ; dans les plis de ses voiles
l'iniquité réside ; et sa face est pure.

Sa chair se fond en tièdes effluves ; mais son corps reste droit,
sans fléchir, tant est grave le rite qu'on lui apprit pour se faire
aimer.

Son geste ordonne déjà ; son bras tendu désigne sans doute
un emblème terrible ; mais elle élève aussi la fleur dans ses doigts
nonchalants.

Par le serment du roi, la tête de saint Jean prisonnier sera tran-
chée bientôt et le sang du juste rougira le pavé devant Salomé.

1. *Ev. sec. Marcum*, VI, 22 et suiv.

L'APPARITION, AQUARELLE ($1^m05 \times 0^m72$)

(Musée du Luxembourg.)

Miracle ! Voici la tête coupée ! Voici le pavé rougi !

Les maîtres tels que Gustave Moreau creusent leurs sujets avec une passion dont le profane ne saurait se faire une idée ; ils vivent avec leurs héros dans une muette et fiévreuse communion, et se résignent avec peine à n'éterniser qu'un moment de la légende et de l'histoire. La grande aquarelle connue sous le nom de *L'Apparition* est née du besoin qu'éprouva Moreau d'accentuer la signification fatale de cette scène de danse à laquelle il donna d'abord l'allure d'une cérémonie si compassée, si hiératique et grave. A quoi doit aboutir la séduction qu'exerce la bayadère impie, sinon au plus vil des marchés ? Quelle faveur arrachera-t-elle au roi surpris, sinon le don d'une tête saignante en un plat, *in disco* ? Que cette tête apparaisse donc à Salomé pendant le vertige même de sa danse, comme un intersigne précédant le crime, et qu'elle *voie* resplendir déjà devant elle, dans une gloire de rayons vibrants, la face auguste du martyr ! Que cette confrontation surnaturelle la frappe au cœur d'épouvante et de rage, mais que seule elle en ressente les affres, car le prodige ne saurait être perceptible que pour ses yeux hallucinés !

Dans aucune figure de son œuvre, Moreau n'a mis tant d'accent tragique, ni tant demandé à une mimique expressive. Cette fois, Salomé demi-nue, la gorge encerclée d'ors et de gemmes, frissonne d'un frisson douloureusement humain ; ses membres, arrondis par les longues siestes oisives, se tordent dans un spasme lancinant et, rejetant le corps en arrière, un bras porté au sein, l'autre tendu vers le vivant météore dont les éclats la transverbèrent, elle souffre par toutes ses fibres, sans que le roi se trouble dans sa pompe, elle se pâme en suspens, sans que la mandore se taise. Paroxysme d'horreur poétique ! La tête d'où stille une rosée de sang, la tête ascétique de Jean le Précurseur, darde un regard d'acier au fond des yeux de Salomé...

On dirait que la raison reste prisonnière dans le tournoiement lent que dessinent ces petits pieds d'ivoire, et, à coup sûr, Moreau témoigne ici d'une exaltation singulière. Il s'est épris follement de cette figurine ; il y a comme l'hommage d'une secrète tendresse d'artiste dans les magnificences dont il l'enveloppe ; toutes les richesses que les dragons gardent au fond des veines de la terre, il les voudrait épandre sur le beau corps du monstre, et le voici qui, pour ne le pas quitter encore, suit l'action jusqu'au fatal dénouement, pas à pas. Moreau, nous le disions à l'instant et nous l'avions remarqué déjà, aime à suivre les péripéties d'un drame ; de la succession des épisodes, il tire, à côté de l'œuvre-type, des variantes plastiques qui, le plus souvent, sont d'un prix égal. Il n'abandonne, en un mot, son sujet qu'après en avoir scruté toutes

SALOMÉ A LA PRISON

les beautés latentes ; de là d'autres Salomé encore, attentives à l'exécution de leur vengeance ou se délectant dans le forfait accompli.

C'est d'abord, dans le délicat petit tableau de *Salomé à la prison*, la scène de la décollation, mais combien transposée du thème consacré ! Nous y retrouvons une de ces précieuses statuettes de l'indifférence, de la suprême et impitoyable froideur qui sont familières à Moreau. L'odalisque lasse est descendue dans la crypte du palais, dans la geôle aux nefs de cathédrale. Fine comme une bête de proie, elle a jeté un manteau royal sur ses velours chamarrés, sur ses gazes lamées, sur tout l'apparat de sa victoire ; elle a conservé son haut diadème qui s'éraille au granit du caveau ; car, appuyée contre une colonne, tournant le dos au groupe du bourreau qui frappe le prophète agenouillé, elle attend dans l'infamie du lieu, abandonnée, fléchie, et, d'un joli geste coquet, respire de tout près le parfum d'une rose...

Puis, ce furent des aquarelles diaprées, hardies entre toutes (*Salomé au léopard, au jardin, à la colonne*, etc.), étincelantes narrations de la dernière phase du drame. *Consummatum est :* dans le parc oriental, dans le bosquet de cyprès sombres, l'exécuteur se retire après sa besogne achevée ; le tronc du martyr gît parmi les herbes ; Salomé a reçu le prix de son impudeur. La signification morale, la portée édifiante de telles œuvres résulte de l'énigme qu'elles recèlent, de l'indéchiffrable mystère qui affronte en elles le Bien et le Mal, la Vie et la Mort. Splendidement ignorante de son abomination, Salomé plongera donc un regard insensible au fond du bassin sanglant ou bien s'en détournera par dédain, pour qu'on frémisse de voir tant de cynisme et tant de grâce en une créature, et le muet rapprochement de ces deux faces excitera la colère et la pitié grandes des poètes.

Les deux compositions maîtresses qui nous ont retenu si fortement sont nées tout entières d'un incoercible caprice pittoresque ; elles n'ont aucun trait de vérité ni d'exactitude topique ; ce serait se tromper lourdement que d'y rechercher quelque rigueur archéologique ou même un effort de reconstitution plausible. Moreau n'eut point ici, il n'eut jamais de ces préoccupations et jamais ne s'imposa de pareilles chaînes. Sa vaste curiosité le fit feuilleter bien des recueils d'érudition pure ; il se complut à calquer et à combiner bien des monuments somptuaires de l'antiquité classique ou asiatique avant de s'arrêter, comme à regret, au décor, à l'ajustement, à l'accessoire définitifs ; mais le principe de la *Richesse nécessaire* suffit pour l'autoriser à toutes les fantaisies, à tous les anachronismes qui, loin de blesser le goût, l'excitent et le charment. Si l'artiste s'en fût référé à la réalité, telle qu'on peut la reconstituer sans trop de peine, l'épisode de Machœrous eût été sans doute dépouillé d'un si grand appareil de mystère. Veut-on, en effet, approcher cette réalité, il convient de lire, dans les *Trois contes* de Flaubert (1877), le récit du martyre de Iaokanann, le mangeur de sauterelles, récit que le

styliste émérite s'est imposé de maintenir dans la couleur précise de
la tradition évangélique et de l'histoire ; or, c'est saint Marc qui, plus
détaillé que saint Mathieu, fournit la substance de la tragédie en
termes brefs et prosaïques, et l'on sait que le nom même de la bal-
lerine résulte de l'interprétation douteuse donnée à quelques lignes
obscures de l'historien Josèphe.

J'ai foulé jadis le sol sur lequel la forteresse d'Hérode Antipas
dressa ses tours, et dominé du regard la Mer Morte, le Ghor étince-
lant, le ruban de verdure qui ourle le Jourdain, là précisément où
le Précurseur baptisa Jésus. Lisez Josèphe : dans ce burg, Hérode
faisait figure de tyranneau méchant et vil ; muni de l'intronisation
romaine et posté par la politique de Tibère en garde avancée, au
point stratégique de surveillance des Scénites, ni son château, ni
son harem, n'avaient certes de luxe imposant : et cependant, *felix
culpa!* la légende a fait d'Hérode un tout-puissant monarque de
l'envergure du Salomon mythique ; l'imagination lui édifie des
apadana de féerie, l'art l'emblématise et le pare à l'envi.

Gustave Moreau se sent donc aussi libre devant le texte de
saint Marc qu'il l'est devant ses chers mythographes classiques.
Relèverons-nous, par exemple, qu'au lieu d'étaler une scène d'orgie
terminant un festin, il nous initie au secret spectacle d'une sorte de
cérémonie, d'exercice fatidique accompli dans le fond d'un sérail
transformé en sanctuaire ? Certes, un pareil huis-clos est bien
contraire à la narration traditionnelle ; les maîtres candides du passé,
dont nous citions les noms tout à l'heure, ne raffinaient pas ainsi
avec les textes saints. Mais quelles plus foncières déformations la
poésie et le théâtre font subir aux scénarios antiques, pour y intro-
duire la forme de passion dont l'une et l'autre s'accommodent![1] Le
peintre qu'on accusa si souvent d'inclinations littéraires a plutôt
souffert, au contraire, de la littérature, qui commenta son œuvre en
dénaturant ses intentions. Dans le cas présent, les aspirations de
Moreau sont restées celles d'un peintre véritable, malgré la portée

---

1. Qu'on relise seulement les strophes d'*Atta Troll*, dans lesquelles Heine
jongle si impudemment avec le même récit évangélique :

« C'était vraiment une princesse ; c'était la reine de Juda, la belle épouse d'Hérode,
celle qui convoita la tête du Baptiste. — Pour ce forfait, elle fut chargée des saintes malé-
dictions ; comme un spectre, il faut maintenant que, jusqu'au Jugement dernier, elle
chevauche dans l'infernale chevauchée. — Dans ses mains elle porte toujours ce fatal
bassin et la tête de Jean ; et elle la baise, oui, elle baise la tête avec ferveur. — Parce
qu'autrefois elle a aimé Jean... On ne le dit pas dans la Bible, mais dans le peuple vit
une légende sur l'amour sanglant d'Hérodiade. — Sans cela, on ne pourrait guère expli-

mystique de son sujet ; elles se traduisent surtout en recherches
d'effets saisissants. D'une danse après boire, il lui faut ennoblir et
surhumaniser à tout prix et le cadre et le geste ; aussi le voit-on
colorer la scène d'une horreur artificielle grâce à des stratagèmes
de peintre, et défier tout parallélisme avec la vraisemblance cou-
rante et la précision scientifique. De là cette architecture composite,
dont les éléments généraux sont bien inspirés par celle de l'Orient
musulman et indo-chinois, mais où le mobilier et la décoration
fourmillent de détails hétéroclites, profusion de colonnes portant
des *kerubim*, reliquaires émaillés, brûle-parfums cloisonnés, jusqu'à
cette Diane d'Éphèse que nous avons invoquée, se découpant au
pinacle du trône. De là ce prodigieux ruissellement de richesses
jeté sur la chair des deux Salomé, ces lourdes orfèvreries de l'Égypte
pharaonique qui bruissent sur les plis du cachemire persan ou du
byssus de Tyr.

C'est ici l'Orient des songes, celui qu'évoque la magnificence de
certains noms. Le capiteux mystère qui teinte les pays du soleil
levant d'un chatoiement magique, le vertige des lieux morts et pétri-
fiés, des villes disparues, des civilisations anéanties, le mirage enfin
qui transfigure les terres où tant de dieux sont nés, ont subjugué
plus d'un esprit d'élite. Patrie des *djinns*, qui construisent en une
nuit des palais aux mille coupoles, insondable mine de tous les
trésors, cassolette immense où brûlent tous les aromates, cet Orient
sans temps ni lieu appartient en propre aux poètes, et ceux-ci, dans
leur *cymbalum mundi* imaginaire, y ont centralisé tous les prodiges,
toutes les fascinations. Son nom seul dévergonde la raison de l'artiste, éternel conquérant du mythique Eldorado.

Je viens de nommer Flaubert et de l'opposer à Moreau. De
pareils rapprochements sont souvent spécieux ; on ne doit pas en
user sans un mot d'excuse. Il n'y eut, entre les deux artistes, aucun
échange direct d'influence ; mais il y a souvent parité dans leur
optique, dans la percée qu'ils ouvrent sur le passé reculé, dans les

---

quer le désir de cette dame. Une femme peut-elle bien désirer la tête d'un homme qu'elle
n'aime pas ? — Peut-être était-elle un peu fâchée contre son amoureux ; elle lui fit tran-
cher la tête ; mais quand, dans le bassin, la tête aimée lui apparut, — Elle pleura et perdit
la raison et elle mourut folle d'amour. — De nuit elle se lève et porte, comme je l'ai
dit, la tête sanglante dans ses mains, pendant la course infernale. Mais, par un caprice de
femme insensé, — Elle lance parfois la tête en l'air, elle rit comme un enfant, et vite,
après l'avoir lancée, elle rattrape la tête, comme dans un jeu de balle.., »

Le librettiste d'un opéra moderne a longuement délayé la donnée de ce
roman parodique.

nobles libertés d'art qu'ils s'octroient l'un et l'autre. Dans *Salammbô*, qui parut en 1863, l'écrivain ne s'abandonnait-il pas tout à l'orgie plastique de la *Richesse nécessaire*, et n'a-t-il pas fait de sa Carthage le fabuleux magasin de tous les *mirabilia* du monde antique[1] ? Puis, dans la *Tentation de saint Antoine* (1874), ne fait-il pas défiler, au son de vocables rarissimes, l'idéale caravane des dieux abolis ? Tant il est vrai que mille ondes d'harmonie s'éveillent dans le cerveau des poètes à l'euphonie d'un nom qui fait sourire ou trembler !

Trois œuvres importantes se rattachent à la même époque, aux mêmes recherches, et furent montrées ensemble à l'Exposition universelle de 1878 : *David méditant, Moïse exposé sur le Nil, Jacob et l'Ange*.

Le sujet du *David* semble purement pittoresque. Aucune velléité d'action, mais un prodigieux *tableau vivant*, une apothéose de féerie qui pourrait aussi bien convenir à quelque Salomon. Le grand roi, plein d'années, médite, accoudé tristement, un lys à la main, tandis qu'au pied du trône un génie jeune, un séraphin resplendissant veille et frôle des doigts les

SALOMÉ A LA COLONNE
(Aquarelle.)

cordes d'un cinnor. Est-ce, pour adoucir les remords du pécheur, un messager porteur du pardon divin, dit que la musique rappelle au vieillard le temps où il calmait lui-même, aux sons de la harpe, les fureurs de Saül ? Peut-être ; mais on peut aussi se demander si Moreau n'a pas voulu représenter ici le David repentant à qui l'exé-

---

1. Les dernières fouilles opérées à Carthage ont mis à jour les échantillons d'un art fort composite, dont les archéologues ont pu dire qu'il répondait étrangement, *a posteriori*, aux descriptions de Flaubert.

gèse orthodoxe attribue les *Psaumes* dits *de la Pénitence*. D'ailleurs
tout, dans le décor, invite à la sérénité ; le soir d'un beau jour
emplit au loin les horizons fuyants ; la flamme d'une lampe et
l'encens qui brûlent sous la galerie ouverte montent droit dans la
paix de l'heure. Mais Moreau a construit, pour encadrer le fantôme
royal et son beau gardien, une sorte de terrasse en jardin suspendu ;
il a dressé de lourdes colonnes, disposé un trône somptueux, et les
marbres, les tapis, les airains, les mosaïques, les jonchées de fleurs
glorifient à terre même le principe de la *Richesse nécessaire*. On
peut dire que de la mise en scène du *David* aucun élément n'a
plus le moindre cachet asiatique. Arrivé à un certain point, le
caprice des artistes visionnaires écarte tous les galbes qui ont déjà
servi à l'art, pour ne plus s'alimenter que de combinaisons de
formes chimériques. En même temps, les exigences de son œil
deviennent pour le coloriste de plus en plus absorbantes ; elles font
de lui, depuis qu'il a pénétré dans la *gazophylacie* orientale, un
insatiable amateur de trésors.

Le *Moïse* — un *putto* naïvement modelé dans sa nudité d'enfant endormi — se découpe ainsi, non sur la nappe d'un fleuve de
notre planète, mais sur un fond de ruines terrifiantes ; les lacets du
Nil s'encaissent entre des substructions chaotiques et ravagées, affec-
tant le profil de pagodes, de temples et de pylones géants, que les siècles
ont défigurés hideusement. Puis, autour du berceau flottant, éclôt
soudain un bouquet de fleurs miraculeuses, et, près des nelumbo, les
ibis, les flamants roses s'ébattent. On dirait, encore une fois, que
les trois lettres du nom du Nil ont féru le poète de cette peur
qu'avaient, au moyen âge, les peuples occidentaux pour cette
Égypte qu'ils croyaient peuplée de monstres : *Ibi monstra,* disent les
vieilles cartes.

Tout autre est la portée du groupe de *Jacob et l'Ange*. Quels que
soient le sens obscur et l'importance généalogique attachés par le
peuple d'Israël à la lutte de Jacob avec le mystérieux étranger dont
la Genèse laisse deviner si discrètement le caractère surnaturel, ce
n'est pas moins à la victoire de la force spirituelle sur la force
matérielle que doit aboutir le corps-à-corps symbolique ; et l'Esprit
de Dieu s'y manifeste sous une forme tangible et avec un relief bien
propres à surexciter l'imagination. Un illustre maître s'est efforcé
de montrer les antagonistes dans la fureur de l'assaut; Moreau n'en
veut naturellement connaître que l'issue et, d'accord avec les principes que nous lui connaissons, semble avoir attendu le moment où

DAVID MÉDITANT

D'après l'eau-forte de M. Bracquemond.

l'antique pasteur est humilié dans sa force, ou plutôt confondu de l'audace qu'il a eue de se mesurer avec l'Anonyme. Les muscles frémissants encore, l'homme courbe son corps d'athlète, fléchit la hanche et s'incline dans le renoncement de sa force : il a vu Dieu devant lui « et son âme a été délivrée » ; car Dieu est descendu dans la figure ailée dont le regard flamboie et qui va disparaître à la nuit finissante : grave et roide, inerte en ses robes plaquées, frangée d'une gloire aux fulgurants rayons, elle s'appuie, comme pour sonder l'avenir, sur l'arbre symbolique de la noblesse d'Israël et, d'un geste impérieux, touchant Jacob abaissé, le « bénit là », le consacre.

La poésie biblique s'est révélée d'un coup à Gustave Moreau dans sa majesté grandiose, et peu s'en faut qu'elle n'ait absorbé et transformé le génie premier du peintre polythéiste. Cela n'arriva pas ; mais, au sortir de ce long commerce avec la légende asiatique, l'artiste aura contracté certaines inclinations auxquelles il cèdera souvent plus tard, sans presque le savoir. Telles ces plantes qui, fécondées par un pollen étranger, donnent des floraisons où l'hybridité développe et multiplie les organes.

Ce n'est pas impunément, en effet, qu'un esprit si passionné pouvait explorer les mystérieuses archives de l'univers et voir s'ouvrir béantes les portes du palais des songes. Dans les œuvres que nous venons de grouper, Gustave Moreau ne connaît guère de frein à la prodigalité décorative. Les proportions du décor asiatique lui apparaissent colossales ; elles doivent, d'après lui, outrepasser la mesure classique, et il les rehausse d'un luxe d'ornements et d'accessoires pour ainsi dire barbare, immodéré dans sa splendeur hétérogène, hors d'échelle avec toute humanité. Le vêtement des figures devient d'une si grande richesse que le jeu de leurs membres en semble embarrassé ; et jusqu'aux auréoles qui nimbent les têtes sacrées sont émaillées, ciselées, ponctuées de perles et de cabochons. Eh bien ! l'éblouissement d'avoir ouvré tant d'or et serti tant de pierreries persista chez Gustave Moreau ; loin de refermer le coffret magique où il avait puisé tant de merveilles, il en tira sans relâche de nouveaux échantillons. Les œuvres de ses dernières années dépassent en complication ornementale celles qu'il créa d'une seule portée sous l'inspiration biblique ; un réseau scintillant les habille, y fait miroiter les ombres même. Mais il y a plus : au cours des ans, on voit l'artiste, sous le coup d'une irrésistible tentation, reprendre aux murs de son atelier les compositions de sa jeu-

JACOB ET L'ANGE

D'après l'eau-forte de M. Waltner.

nesse — et jusqu'à ses premières, qui ne sont que des essais d'écolier,
— pour en modifier le décor, pour les meubler d'accessoires exo-
tiques, pour machiner, en un mot, la fable grecque comme il a ma-
chiné la tradition orientale. A l'âge où les peintres simplifient d'ordi-
naire leurs moyens d'expression, nous trouverons Moreau préoccupé
de donner à Apollon une auréole d'archange, aux Muses des bijoux
de courtisanes de Ceylan ; il couvrira leurs robes d'un treillis dessiné, d'un poncis qu'il se réserve de colorer magnifiquement ; et à
ses *Prétendants* eux-mêmes il ajustera, comme nous l'avons dit, un
premier plan encombré de vases, de cristaux, d'étoffes, de simulacres
dont le galbe à demi asiatique fait ressembler le festin d'Ithaque à
une orgie babylonienne.

Ce furent là les effets d'une obsession bien puissante, et telle
que le peintre de Salomé put seul s'y abandonner sans y perdre
l'équilibre spirituel Au sortir des visions transcendantes que la
poésie orientale lui a suggérées, combien les nobles images du
panthéon antique auxquelles nous allons revenir sembleront majes-
tueuses et pures !

CHAPITRE VI

LA FATALITÉ. — LE DRAME HÉROÏQUE ET LE ROMAN DIVIN

Quels souffles de liberté, d'héroïsme, d'amour ! Quels sons de lyre, quel *Io Pœan!* Quelles *thrènes* et quelles *nénies* aussi ! C'est le vent d'Hellade et d'Ionie ; c'est la tiède mousson des mers grecques. Aux rayons d'Hélios se sont dissous en fumées les palais hantés et les sortilèges : un torrent de limpide poésie s'épanc sur des dieux et des hommes que leur beauté fait égaux et que l'art confond dans un culte identique.

Vivons longuement d'abord en un tableau que Gustave Moreau, sous l'inspiration de la grande épopée, a créé simple, triste et calme. On peut à bon droit se le figurer placé parmi les compositions à la fois si réalistes et si symboliques dont la *Lesché* de Delphes était ornée et que Pausanias a décrites...

Elle est reine assurément, dans la majesté de sa grâce superbe, celle qui marche seule sur les remparts de cette haute cité. A sa despotique langueur, à je ne sais quelle passivité hautaine se marque sa noblesse. Elle est reine et semble captive ; ses doigts retiennent une fleur cueillie dans un mystérieux jardin suspendu, loin de ces terrasses crénelées ; son visage n'exprime aucune anxieuse contrainte ; et pourtant, elle ne sait rien de l'heure ; sa pensée vole au loin ; ses yeux interrogent des plaines familières, cherchent sur l'horizon des présages ou des souvenirs : yeux sans colère et sans regrets, sans désir et sans pitié, qui, ce semble, ne se sont jamais humiliés ni mouillés de pleurs ; car, si les détresses humaines peuvent attendrir parfois les Olympiens eux-mêmes, cette femme n'a pas de regard pour le deuil qui monte au bord de son manteau. Ainsi marchent insensibles ceux que la Némésis guide occultement par la main, les dociles et froids serviteurs des rancunes divines.

Or, ce que ne daigne point voir cette royale esclave, c'est l'agonie d'un peuple éperdu. Un enlacement de victimes navrées à mort se dénoue à ses pieds, comme accourt se briser sur le roc une vague. On s'est battu tout le jour ; la guerre mugit autour des murs, et, d'un dernier élan, les vaincus viennent s'amonceler là, souhaitant dans leur cœur d'expirer à cette place où passe chaque soir une promeneuse si belle. On dirait qu'ils se sont rués sur un bûcher volontaire. L'hommage de leur vie que ces guerriers, ces princes, ces poètes adressent en vain à l'idole errante se lit sur leurs fronts ; un vague sourire passe sur leurs traits blêmis ; leurs membres paralysés se détendent, leurs lèvres s'amollissent, et de l'hécatombe où ces étranges victimes se sont offertes s'exhalent, non des imprécations ni d'amères paroles, mais des soupirs apaisés, une plainte d'enfants qui s'endorment sous la consolation d'une caresse aimée.

Puis, une harmonie memnonienne répond à ces sanglots étouffés et paraît sortir des enceintes cyclopéennes, des tours de cette autre Ecbatane ; des menaces nouvelles flamboient au ciel ; le soleil se noie dans le sang ; des fumées montent ; le tableau, drame immense, respire le carnage et la volupté. Où sommes-nous donc, dans le recul des siècles, sinon à Troie la grande, et pour qui mouraient ainsi en souriant les plus beaux des hommes, sinon pour la fille du Cygne, pour Hélène ?

Les plus vieux chants du monde occidental sont pleins du fracas de la guerre, fléau suscité par l'éternelle jalousie des dieux, et la mêlée des races autour des murs de Troie, mythe ou réalité amplifiée de la préhistoire, est demeurée nonpareille. Les malheurs de l'obscure petite cité passent en renommée ceux de vastes empires ; s'ils nous émeuvent encore, c'est que sur tant de ruines se dresse une idéale statue de la Fatalité, l'enfant qui déchaîna la discorde, le

jouet de Vénus irritée. L'ombre d'Hélène couvre toute l'*Iliade ;* sa beauté est la plus ancienne incarnation du mal dans la poésie des races aryennes ; Gustave Moreau devait arriver à elle, écarter ses longs voiles, la contempler, la déifier.

Il n'est point, en effet, de plus douce et plus cruelle image de la Prédestination — les poètes de tous les temps ne l'ont-ils pas, du moins, choisie pour ce rôle surhumain ? — Ravie à l'âge de dix ans par Thésée, dans le temple de Diane où elle dansait, sa beauté fait d'Hélène un vivant trophée qui passe de main en main. Abandonnée, Achille s'empare d'elle un instant pour la céder bientôt à Patrocle. Ses premiers poursuivants sont d'ailleurs toute la chevalerie de la Grèce héroïque ; mais, à peine échue à Ménélas, qui fait d'elle l'épouse respectée, Pâris,

VARIANTE DE L' « HÉLÈNE »

le beau pasteur, l'entraîne au delà les mers dans cette Ilion dont la perte est désormais écrite. Et, pendant dix ans, du palais de Priam, l'exilée assiste aux combats de deux peuples ; elle est l'enjeu de leurs assauts, car elle ne saurait rester sans maître : le faible Pâris tombé, elle ouvre à Déiphobe l'accès du gynécée ; et lorsque, parmi l'horreur du sac final, Ménélas se ressaisit d'elle, c'est pour la ramener sans récrimination dans Argos, où les honneurs royaux salueront vite son retour.

Voilà le chef-d'œuvre des dieux. Plus terribles cent fois que quand ils fabriquent un monstre paradoxal, ils ont simplement

doté de la beauté parfaite une créature qui ne saurait posséder
d'autre attribut. « La plus belle des femmes » — ainsi la désigne toujours Homère — est décente et noble, grave et résignée, innocente
enfin et sans volonté ; nul désir, nulle passion ne l'agitent; nul maléfice ne la dépare; absorbée en une obéissante candeur, elle garde au
milieu des rapts, des échanges, des hyménées criminels, la frigidité
d'un marbre et l'inertie d'un simulacre. La fantaisie divine a disposé
de sa chair, et muette à jamais est son âme.

Ni le Sphinx ni l'Hydre n'ont répandu tant de sang qu'une
Hélène ne fit ; sang grec et sang troyen mêlés en fleuves. Un Hector,
une Hécube, un Priam, un Patrocle conduisent le troupeau des
Mânes qu'elle envoie par myriades à l'Hadès. Pourtant, une louange
éternelle l'enveloppe, unanime ; cette beauté qui sème la mort
— on cherche sur sa tête l'épervier *signe de mort* du symbolisme
égyptien — est dans le même temps un talisman vénéré. Ferment
de guerre, levain de haine et d'amour, elle est sacrée, elle est
bénie de tous. Les vieillards assis aux portes de Scées, dans Ilion,
se lèvent à son approche et murmurent à voix basse : « Certes, ce
n'est pas sans raison que les Troyens et les Achéens aux belles
cnémides endurent pour une telle femme des maux si affreux; elle
ressemble aux déesses immortelles. » « Ma fille, lui dit le vieux
Priam, à mes yeux tu n'es pas coupable. » Quintus de Smyrne la
dépeint sortant de Troie en feu, parmi les nobles captives conduites
aux vaisseaux des Grecs : « Tout autour, les phalanges étaient
éblouies en voyant l'éclat et la merveille aimable de cette beauté
sans défaut, et personne n'osa l'attaquer de traits méchants ; mais
ils la regardaient comme une divinité, avec délices ; car elle leur
apparut comme l'objet désiré. » Électre, dans l'*Oreste* d'Euripide,
insulte d'abord Hélène, lorsque celle-ci rentre de nuit dans Argos,
« craignant les pères de ceux qui sont morts sous les murs de
Troie » ; mais bientôt le charme gagne la sombre vierge et lui
arrache un cri d'envie : « O beauté ! que tu es fatale aux mortels et
que tu es précieuse à qui te possède ! Hélène est toujours la femme
d'autrefois [1]. »

---

1. On connaît le beau mythe d'Euphorion, qui rejoint Achille et Hélène sur
les bords du Léthée ; Gœthe, au début du second *Faust*, en a dégagé la mélancolique poésie ; un de nos grands poètes français, Louis Ménard, a cependant
pénétré le sentiment grec avec plus de délicatesse encore, dans un de ses premiers *Poèmes*.
Tel était le prestige du nom d'Hélène dans la basse antiquité même qu'une

HÉLÈNE

Tout cela, Gustave Moreau le savait et voulait l'inclure en son
œuvre d'artiste. Le cri d'Électre, il l'a entendu ; il l'a modifié légèrement en celui-ci : « La Femme est toujours l'Hélène d'autrefois. »
Un sujet de méditation infinie, qui se peut envisager sous diverses
faces, éveillant tour à tour l'effroi, la compassion et la sympathie
philosophiques, tel est le thème parfait où il aboutit ainsi en dernier
ressort. Nous avons déjà vu comme il s'entend à exalter les vertus
figuratives du contraste, à tirer du choc des sentiments une vibration renforcée : cette fois, voici l'étalon parfait de son pouvoir
d'expression. De même que les maîtres du passé s'attachaient à
varier les épisodes de la « comedie de la Mort », il a recherché dans
les annales humaines les versions de cette grande tragédie du Destin
qui intéressera toujours les esprits spéculatifs : voici la plus saisis-
sante, et, sur cette trame d'acier, quel idéal fleuron !

Le tableau (Salon de 1880) est une pure œuvre romantique, la
dernière fleur du romantisme peut-être. Il a toute la splendeur d'un
vitrail ; il est peint de premier jet, avec de franches coulées, des
empâtements, des accents généreux, largement affirmés ; ces bruns
chauds, qui sont la ressource du *chiaroscuro*, servent de base tonique
à la fougueuse symphonie et, d'un angle à l'autre, on sent que
l'inspiration a soufflé dans le cœur du poète et dans l'esprit du
peintre une ardeur peu commune en leur œuvre.

Eschyle avait soixante-dix ans lorsqu'il condensa tout son génie
pour enfanter cette colossale *Orestie* où la Fatalité, dans ses plus
épouvantables complications, règnerait seule si une radieuse aurore
— celle de la Justice et du Droit — n'éclairait, au dernier acte, la
scène ensanglantée. Gustave Moreau approchait du même âge (vers
1891), quand il composa le grand tableau d'*Oreste*, où se retrouvent
aisément des traits dignes de son art le meilleur.

On n'attend pas que nous analysions ici la trilogie grecque ; aussi
bien le dénouement est-il seul à considérer pour nous. L'*Iliade* n'est
qu'un limpide épisode au milieu du tissu d'horreurs démoniaques
et des frénétiques images que déroule l'histoire des Pélopides et des
Atrides ; le crime y engendre le crime, et la fatalité qui pèse sur les
lignées de ces races maudites se perpétue par une voie mystérieuse

---

Tyrienne, concubine de Simon le magicien, prétendait être l'Hélène de la grande
guerre ; cette guerre, disait l'aventurière, n'était que le récit de la discorde que
sa beauté avait allumée entre les anges créateurs du monde, et ceux-ci s'étaient
entretués à ses pieds sans qu'elle souffrît aucune atteinte.

entre toutes, celle de l'hérédité. Mais un coup de théâtre, une transformation à vue, une consolante fiction clôt le drame eschylien, et
c'est l'instant critique où le peintre s'est arrêté. En voici la grandiose invention.

Oreste, meurtrier de sa mère, est devenu la proie pourchassée

PREMIÈRE PENSÉE DE L' « ORESTE »
(Musée Gustave Moreau.)

par les Érinnyes — *les Irritées*, — et la Grèce ne prononçait qu'en
tremblant le nom de ces Furies ; il n'était pas de plus terribles spectres dans la hiérarchie des puissances infernales. Antérieures aux
dieux, leur besogne ne souffrait aucune rémission, car elles étaient
infatigables à exiger le prix du sang versé ; gardiennes des lois pri-
mordiales, en tête desquelles s'inscrivait la peine du talion, l'axe du
monde physique et du système moral tournait entre leurs mains

régulatrices et vengeresses. La dramaturgie d'Eschyle, en un *crescendo* d'effroi sans exemple, les jette sur le théâtre athénien, comme une meute de « chiennes achaînées », décrépites, en haillons, por-

ORESTE

tant le masque de hideux vampires ; elle ne recule devant aucune outrance ; mais c'est pour leur arracher le parricide, sauvé par de divins intercesseurs ; c'est — ô merveille poétique ! — pour opérer, en présence même de la foule, une brusque métamorphose : à la voix de Pallas, les buveuses de sang se convertissent en de placides entités qui prennent rang dans le panthéon supérieur ; leur laideur s'efface aussitôt ; vaincues et apaisées, elles changent publiquement leur nom redoutable en celui d'*Euménides*.

Ainsi, sur les tréteaux antiques, se transfiguraient en *Bienveillantes* protectrices les Représailles *irritées ;* et quel enthousiasme devait se déchaîner au sein d'un grand peuple libre, lorsqu'un artifice scénique matérialisait tout à coup à ses yeux l'abdication des puissances barbares devant l'Équité et la Raison naissantes ! Cette transfiguration, Gustave Moreau a voulu la faire tomber sous nos sens par l'artifice dont il est coutumier : le dédoublement de l'expression sentimentale.

Au fond du *naos* aux colonnes doriques, près du tabernacle où la divinité réside, Oreste s'est abattu, las de sa fuite haletante ; son arme lui échappe ; il est sans défense et sans voix, bien que l'abandon de ses membres, le repos de son visage douloureux décèlent l'intime confiance que le *suppliant* vouait aux autels inviolables. Le rameau dont il a touché le sanctuaire confère à tous le droit d'asile, et d'ailleurs l'avenir même se dévoile : l'absolution de son crime se manifeste en une *apparition* qui découpe sa silhouette magnifique au-dessus du coupable. C'est le dessin à la fois hiératique et frémissant d'un triple spectre suspendu dans les volutes de la myrrhe fumante ; c'est la trinité des Furies attachées aux pas d'Oreste ; c'est, en un faisceau, Mégère, Alecto, Tisiphone. On dirait d'un Géryon femelle, tant leurs corps se confondent étroitement ; mais il serait plus exact de comparer ce vivant emblème au *trimourti,* dont chaque visage reflète un sentiment opposé, car le peintre a évoqué les sœurs fatales dans l'instant de leur miraculeuse conversion : deux d'entre elles sont encore Érinnyes, tandis que celle qui nous fait face est déjà visiblement l'Euménide, image du Pardon.

Gustave Moreau, remarquons-le, employait ici pour la seconde fois la ruse plastique à laquelle il avait demandé, dans *L'Apparition,* un si étrange secours : un intersigne, placardé pour ainsi dire sur le champ du tableau, annonce le dénouement du drame et conduit l'esprit vers la péripétie finale. Le destin d'Oreste se dessine à côté de lui, et c'est sans doute cette vision d'espoir qui se peint derrière ses paupières fermées. Le grand groupe fantômal est, du reste, à soi seul un tableau complet. Pour rendre explicite une transformation que l'art du théâtre peut si facilement réaliser, il y fallait une singulière gradation de sentiment : Moreau s'est créé pour de tels cas une sorte de langage figuré. L'Euménide a le rôle capital ; belle et

calme, dans l'éclat d'une jeunesse qui l'a renouvelée, elle croise sur
sa gorge de vierge ses mains purifiées : elle abaisse un regard déjà
rasséréné vers celui qu'elle traquait naguère. Plus de vipères dans
ses cheveux d'or ; sa robe est magnifique ; un rayonnement illumine
et dilue la pourpre sanglante qui lui faisait un nimbe si terrible.
Mais ses compagnes n'ont pas senti tout l'effet du charme ; frappées
de stupeur devant le prodige de cette mue soudaine, elles ont gardé
leur aspect premier ; le disque rouge encadre encore leur visage
voilé d'ombre et convulsé, où luisent des prunelles de fauves ;
cependant, alors que l'une marque du geste son dépit ou sa honte,
l'autre se renverse en laissant glisser sans force ses bras habitués à
broyer, ses mains d'airain que les hommes croyaient inexorables.

L'*Oreste* peut servir d'exemple pour montrer comment, jusqu'au comble de l'anxiété tragique, le principe de l'*Inertie* reste cher
à Moreau, et le principe de la *Richesse nécessaire* y est appliqué
concurremment avec une curieuse prodigalité. Le tableau manque
un peu de cette transparence qui, dans la *Salomé* — pour prendre le
type de la facture la plus homogène du maître, — permet de percer
la pénombre tout en lui conservant son mystère ; s'il éblouit, c'est
par la profusion des accessoires précieux : colonnettes ciselées, tré-
pieds, ex-voto de mille substances, vases sacrés, cloisons incrustées... Qu'on se reporte au dessin que nous publions et où se lit la
première pensée de la composition : tout ce vaste vaisseau vide,
Moreau se promet d'y entasser un indescriptible butin. Il semble
avoir délibéré avec la même complaisance quel serait l'espace occupé
par les figures et quelle la place réservée aux foisonnants trésors.

Je citerai ici le troisième exemple typique d'*apparition* qui
frappe l'esprit dans l'œuvre de Gustave Moreau. Il se trouve dans la
grande composition d'*Ulysse et les Prétendants*. En élargissant et
en remaniant le tableau primitif, Moreau y ajouta bien des accessoires décoratifs ; surtout, il tint à marquer, par un signe explicite,
l'intervention, la suggestion divine, qui fortifient Ulysse dans sa
vengeance. Au milieu du cadre, planant sur le massacre, rayonne
une petite figure de Minerve ailée, toute frangée de feu ; on dirait
d'un grand bijou d'or flamboyant[1]. Mais les misérables survivants

---

1. Est-il besoin de dire que l'aspect cru des parties ajoutées à la composition
disparaîtrait sous un glacis léger ? Nos scrupules modernes nous interdisent
d'atténuer, par une facile retouche, l'éclat choquant de la « *Minerve hirondelle* » ;
on n'aurait pas manqué de le faire autrefois.

que l'arc abattra tout à l'heure *ne voient pas* le signe de mort sur
leurs têtes; c'est, en réalité, pour nous qu'il luit; c'est nous qu'il
doit instruire de la présence décisive de Minerve, assistant dans sa
gloire au drame qu'elle a préparé.

D'ailleurs, l'*Odyssée* même autorise et commande presque cette
apparition : à l'instant critique de la mêlée, Minerve, qui jusque-là
prenait la figure et la voix de Mentor, use d'une nouvelle transformation :

« Ainsi parle la déesse ; mais elle n'assure pas à l'instant au
héros la victoire encore indécise : elle veut éprouver sa valeur et
celle de son illustre fils. Elle-même prend la forme d'une *hirondelle*,
voltige et se pose sur une poutre de la salle resplendissante...

« Alors, Minerve, du faîte de la salle, agite sur les Prétendants
la formidable égide... »

Et maintenant, voici les héros bienfaisants, ceux auxquels
l'imagination antique rapportait la gloire des monstres exterminés
et l'honneur de la liberté conquise, tout l'effort physique et moral
que les générations humaines ont lentement accompli à la sueur de
leur front.

Ils sont deux, dans la légende des siècles les plus lointains, à
revêtir un caractère sacré, malgré cette indépendance qui les oppose
aux dieux même : Hercule et Prométhée. Mais, tandis que le premier
n'a pas encore cessé de personnifier la Force épuratrice et le Travail
auguste, le second n'eut jamais de temples, et, si la poésie des
grands âges exalta son nom fatidique, il est retombé dans l'oubli.

Gustave Moreau a noblement restauré l'image du Titan, et j'ose
dire qu'à la réflexion c'est le fait d'une intuition philosophique bien
profonde chez un peintre. Certes, il n'a connu ni les travaux critiques
d'un Adalbert Kuhn, d'un Cox ou d'un Max Müller, ni ceux d'un
Burnouf, d'un Maury, d'un Bréal; cependant, il possède, pour ainsi
dire, la clef des mythes fondamentaux ; il va tout droit aux plus
purs; il les suit, dans leur féconde expansion, de l'Himalaya jusqu'aux
plaines d'Hellas. On dirait, à voir la majesté qu'il leur conserve,
qu'il a été lecteur informé de l'*Avesta* ou du *Rig-Véda,* et combien
affaiblie, pourtant, la poésie des livres sacrés de l'Orient pouvait
arriver à son oreille ! C'est vraiment comme il l'a fait qu'il faut désormais, sous peine de la travestir, retracer la légende archaïque ; mais
une telle divination, d'où vint-elle inspirer le peintre solitaire ?

Le grand *Prométhée,* exposé en 1869, est loin d'avoir la perfec-

tion plastique des quatre œuvres maîtresses qui l'avaient précédé ;
son galbe est plutôt lourd, et nous préférons interroger la très petite
aquarelle que nous reproduisons ici, et où la figure du martyr

PROMÉTHÉE ENCHAINÉ, AQUARELLE (0ᵐ16 × 0ᵐ10)

païen est empreinte d'un si fier ascétisme ; il s'en dégage une solennité sans égale. Lié à la cime des monts, indifférent au vautour qui
ronge son foie vif, Prométhée, comme un pilote à l'avant du navire,
tend vers l'horizon son beau buste souffrant, sa face où luit un indomptable espoir, un regard d'orgueil et d'amour. « Zeus, avec tout cela,

ne me tuera pas », a dit le révolté ; un libérateur approche et trente
mille ans de supplice ne comptent pas pour qui prévoit la chute de
l'Olympe. D'ailleurs, le feu dérobé brille à son front ; cette langue
de flamme pâle, c'est l'éclair qu'il emprisonna dans la férule, c'est
le maître des mondes, Agni !

Les vieux hymnes de l'*Avesta* ont glorifié l'Épiphanie du feu ;
Eschyle n'a pas craint de montrer sur la scène le Titan délivré, au
heures où Athènes était assez libre pour élever parfois des autels au
« Dieu inconnu » ; le christianisme même révéra Prométhée comme
un précurseur : « *Verus Prometheus, Deus omnipotens, blasphemiis lan-
cinatus* », s'écriait Tertullien montrant le Christ aux Gentils ; mais l'art
fut ingrat pour le sombre prophète. On a supposé, d'après deux dessins, que Michel-Ange voulait lui faire une place aux voûtes de la
Sixtine, à côté des Sibylles ; sans doute la censure pontificale eût mal
accueilli une pareille figure, et, depuis, aucun peintre n'a plus perçu
l'admirable symbole. Il était réservé à Gustave Moreau d'en tirer une
sorte d'image religieuse et philosophique et de donner à celui qui,
durant sa passion, consolait Io si magnifiquement, la dignité d'un
Rédempteur et jusqu'à la mystérieuse ressemblance de Jésus.

La conquête du feu a fait l'homme roi de la nature : seul, il
a désormais un foyer. Mais les météores terrifient ce roi débile.
L'imagination de toutes les races primitives prête aux phénomènes
physiques la forme de monstres infiniment variés, et celui qui lutte
sans trêve contre ces agents pernicieux, le purificateur jamais las,
le héros par excellence, porte cent noms divers qui ne désignent,
en dernière analyse, qu'un héros unique : le Soleil. La victoire
d'Apollon sur le serpent Python, celle de Bellérophon sur la Chimère, celle de Persée sur le dragon, c'est toujours le triomphe
d'Indra sur Vritra, du soleil sur les nuées, de la lumière sur la nuit
et les miasmes. Tel est surtout le caractère foncier des voyages et
des combats de cet Hercule dont le nom rayonne sur la mythologie
classique.

La composition d'*Hercule et l'Hydre de Lerne* (Salon de 1876)
est parfaitement simple et de la plus claire éloquence, bien qu'elle
ait coûté beaucoup de peine à Moreau. Elle oppose l'une à l'autre
deux silhouettes verticales, vivantes, que rejoint, comme une litière
pitoyable, une jonchée de cadavres. Hercule marche au monstre ;
deux pas encore — mais quels pas ! — et le colossal pilier de chairs
hideuses s'écroulera. Déjà, l'imagination a supposé franchi cet

Carton de C Moreau

Email de Grandhomme

PASIPHA

Gazette des Beaux Arts

Imp Paul M 5la

intervalle, et, mesurant la taille des adversaires, le plus simple
conclut à la victoire du petit athlète : l'ascendant des héros prédestinés ne se lit-il pas dans son regard superbe, flèche magnétique

HERCULE ET L'HYDRE DE LERNE

et fatale ? L'arme des héros d'élection, qui ne manque jamais le but,
c'est leur vibrante volonté, c'est leur audace d'airain, c'est l'indomptable génie qui les anime : ce n'est point l'arc ou la massue. L'étalage
de robustesse physique par quoi les siècles de décadence caractéri-
saient la suprématie brutale de l'Hercule populaire, censé condamné
aux travaux les plus vils, cette membrure épaisse et redondante ne

12

sauraient convenir à l'incarnation de la force spirituelle affrontant le
Mal d'un élan spontané. Mais voici le type nouveau, voici le véritable
Hercule. Ses proportions sont d'une expressive élégance ; l'énergie
latente y est soulignée par les plans d'une musculature souple et
fine ; grand et grandissant à mesure qu'on l'observe, nu, terrible,
laissant flotter sur ses reins la dépouille de Némée, le front crêté

HERCULE ET LES OISEAUX DU LAC STYMPHALE

d'un laurier dru, qu'importent à celui-là le monstre dont la stature
se déroule si haut et la menace de ses quatorze prunelles ? Derrière
l'Héraclès des Grecs apparaît, splendide, le démiurge aryen que le
soma rend fort, Indra vainqueur d'Ahi.

A un pareil antagoniste il fallait un adversaire digne de lui.
L'Hydre est une construction magnifique, une imposante machine
de mort, dressée là comme le chef-d'œuvre du chaos. Au milieu d'un
charnier où de pitoyables débris humains nagent dans le sang et dans

la pestilence, elle élève, d'un mouvement lent qui semble perceptible, un tronc luisant d'où s'épanouit un bouquet de têtes enra-
gées ; tordant leur col d'acier, chacune a son sifflement et son venin,
et la vitalité qui les noue en un seul faisceau affiche despotique-
ment sur les marais de Lerne la logique et la beauté d'une
bestialité parfaite. L'architecture de ce monstre-là, c'est celle du

DIOMÈDE DÉVORÉ PAR SES CHEVAUX

naga hiératique, tel qu'on le voit dans les monuments khmers, par
exemple, déployant l'éventail de ses cent têtes de pierre à l'entrée
des avenues, au bord des étangs sacrés. Cependant, Gustave Moreau
lui a donné le relief d'un saisissant réalisme, grâce aux recherches
qu'il fit au Muséum sur toutes les variétés de reptiles, depuis le
python massif jusqu'à l'aspic, vrai joyau d'émail cloisonné. Feuil-
letez, dans les cartons du maître, le dossier préparatoire de l'*Hercule* : aux puissants dessins où se détaille si noblement l'anatomie
des victimes humaines que l'Hydre a mutilées se mêle, non moins

nombreuse, non moins complète, la collection des études d'après
l'animal maudit par les *Genèses* de tous les peuples

Sur quel chapitre de la Légende nous arrêter encore? A l'exemple de Gustave Moreau, nous avons peine à nous détacher du livre
aux marges infinies. Ne le refermons pas avant d'avoir noté deux
sources d'inspiration plastique où les artistes les plus spirituels du
monde se sont abreuvés à longs traits : les colères des dieux et leurs
terrestres amours.

L'horreur, avons-nous dit, a son eurythmie pittoresque ; elle
se prête à de grandes attitudes et comporte une moralité *sui generis*.
Elle atteint au paroxysme dans les frémissantes images où Moreau
représenta le châtiment de Diomède et celui de Phaéton. Hercule
préside, entre ses grands travaux, au supplice du premier et lui
applique la loi du talion : déchiré par ses chevaux, qu'il nourrissait
de chair humaine, le roi de Thrace emplit d'un hurlement sauvage
la fosse dans laquelle il précipitait ses victimes, et le spectacle des
trois étalons cabrés sur leur proie — ils sont d'un jet superbe —
commande un frisson de vengeance et d'enthousiasme. — Mais
Phaéton pousse le même cri, et c'est tout l'empyrée qui chancelle
sur ses bases. Les coursiers d'Hélios n'obéissent pas à des mains
mortelles ; l'insensé a lâché les rênes ; sa silhouette convulsée se
profile toute sur le disque de feu dont les rais émanent du char
solaire ; la fulguration divine l'enveloppe et le sidère à coups
répétés, et l'attelage s'abîme dans une chute désordonnée, traînant
avec soi l'incandescence avivée d'un astre lancé hors de son orbite,
brûlant les sphères au passage, jetant l'effroi parmi les menaçants
emblèmes du zodiaque. Une immense conflagration flamboie et ronfle
dans l'œuvre du maître-coloriste (musée du Luxembourg, don
Charles Hayem); l'aquarelle, violentée, pour ainsi dire, par celui
qui lui demande ordinairement de si douces caresses, devient en
pareille occasion — et nous allons bientôt le constater à loisir —
une substance étrangement solide en sa ductilité.

Les amours grandioses par lesquelles le mythe a symbolisé
l'hymen mystérieux des créateurs avec la création tiennent tantôt
du drame et tantôt de l'idylle ; ce sont, en quelque sorte, les premiers des *romans*. Gustave Moreau, de ses premières à ses dernières
années, en tira de beaux épisodes, noblement relevés au-dessus de
l'anecdote. En 1869, il exposait un *Jupiter et Europe* (G. M.), dont
toutes les parties ne sont pas d'une égale originalité, et qui dénote

un souci de stylisation quelque peu académique. Peu après, la scène de l'enlèvement divin lui sourit plus heureusement, parée de grâces plus libres ; la petite variante du musée du Luxembourg (don Charles

L'AUTOMNE

Hayem) est, en effet, un morceau d'exquis abandon, de suave émotion poétique. — Les diverses *Léda* sont, au contraire, empreintes d'un profond cachet de mysticisme, et nous remettons encore de parler d'une *Sémélé* qui est la pièce capitale de cette série, tant elle dépasse l'affabulation antique par son symbolisme exubérant. —

A la même famille se rattachent les diverses *Pasiphaé*, secouées du tourment surhumain qui point leur chair enfiévrée. — Enfin, l'enlèvement de Déjanire a bien séduit Moreau ; seulement, il semble qu'il ait voulu tempérer et allégoriser la brutalité du mythe : le centaure, dont il a voulu réhabiliter la noblesse obscurcie, est devenu *L'Automne* ravissant à la terre la clarté pure de l'été pour la cacher dans la profondeur des grands bois endormis.

Mais voici le plus délicieux roman qui se puisse jamais peindre.

Galatée n'a pas, à bien dire, grand titre à figurer dans un *convicium feminæ* ; Galatée peut dormir sans remords dans ses chambres d'émeraude, puisque sa beauté n'a pas fait couler le sang ; mais elle n'en est pas moins cruelle et décevante pour un être dont la détresse est à la fois poignante et monstrueuse. Le sort a voulu que la frêle Néréide fût aimée par Polyphème d'un amour impossible. Difforme autant que gigantesque, le cyclope désire obscurément la petite reine des eaux glauques, et son gros cœur soupire en vain, comme fait celui des hommes éphémères. Les cyclopes ne connaissent ni les dieux, ni les lois ; néanmoins, la Némésis les subjugue encore et leur envoie d'inconsolables amertumes.

La chaste *Galatée* de Gustave Moreau (Salon de 1880) repose sur un nid d'herbes et de mousses sous-marines. Son inconsciente nudité luit d'un éclat de nacre ; très légèrement peint, vaguement rosé, le corps a de molles rondeurs : il répète l'attitude abandonnée de la figure de la Mort que nous avons décrite, des Léda et de bien d'autres, éparses dans l'œuvre. C'est une pose familière à Moreau ; dans son aisance et sa neutralité, elle coupe harmonieusement le tableau, en même temps qu'elle évoque une idée de méditation repliée, de nonchaloir supérieur, de bienheureux sommeil. La tête aux traits menus, aux yeux clos, aux longs cheveux blonds ondulés et fleuris, respire une intangible apathie. Mais toute la signification du thème est dévolue à la figure du pauvre cyclope ; en lui gît l'expression philosophique et sentimentale. Moreau chercha longtemps, comme on le voit par les essais conservés à son musée, le caractère qu'il convenait de lui donner pour ne point faire du paria cet ogre impie que l'*Odyssée* bafoue. Le corps disparut : il ne resta plus qu'une tête, colossale par rapport à la Néréide, mais vénérable, sous les pampres qui la coiffent, comme une divinité chthonienne. L'œil unique ne surprend pas en ce visage rustique et grave, et le regard qu'il émet vers la délicate ondine est chargé de je ne sais quelle mélancolie fruste, accentuée par la timidité, la gaucherie d'une

main formidable, crispée à de grands blocs. Ce masque et cette main
disent à merveille la taille anormale de l'être, et il n'en faut pas
plus pour émouvoir une discrète sympathie.

Avec quel ravissement l'artiste a composé le décor d'un roman
si subtil ! Non point immergée au sein des flots, mais retirée dans
une grotte que le flux a laissée tout humide, Galatée est la fée

VARIANTE DE LA « GALATÉE »
Aquarelle.

souveraine d'un monde miraculeux   ce sont les abîmes des mers
tapissés de mouvantes végétations, d'organismes épanouis, de pro-
toplasmes qui ont leur part dans le *fieri* mystérieux des choses ;
c'est, comme l'a dit le poète,

La bête épanouie et la vivante flore.

Là, parmi les coraux, les encrines, les actinies, le test des coquilles
qui forment les assises des continents, s'élaborent des éclosions
pleines de grâce,

Et tout ce que le sel ou l'iode colore,
Mousse, algue chevelue, anémones, oursins,
Revêt de pourpre sombre aux somptueux dessins
Le fond vermiculé du pâle madrépore.

Pour se guider dans ce laboratoire de la nature, Moreau

ÉTUDE POUR LES « FIGURES DES GROTTES » DE LA « GALATÉE »

recourut aux documents scientifiques. Une de ses promenades
favorites, après celles qui le menaient si souvent au Louvre, était
de fréquenter au Jardin des Plantes et au Muséum. Il passa de
longues heures devant les espèces animales que l'art peut ennoblir
et auxquelles la Fable a donné jusqu'à la parole. Il est résulté de
ces studieuses promenades des croquis d'album serrés comme ceux
d'un Pisanello — une des séries les plus riches que contiennent les
cartons du nouveau musée, surtout à la date où Moreau interpréta

La Fontaine. — Pour la *Galatée*, il dut s'adresser à la bibliothèque du Muséum, et le voilà penché sur les lourds in-folio qui traitent des premières explorations océaniques. Celles-ci n'avaient pas encore atteint les grandes profondeurs qui ont livré à la science moderne de si surprenants secrets, et il fallait se contenter des relations de voyages comme la circumnavigation de la *Novara*, ou de répertoires

ÉTUDE POUR LES « FIGURES DES GROTTES » DE LA « GALATÉE »

gravés en chromolithographie. La même patience éveillée qu'il apportait à d'autres heures à dépouiller les planches d'un mémoire sur les *Antiquités du Radjastan* pour y chercher les lois de l'architecture hindoue, Moreau la dépensa à scruter, le crayon et le pinceau d'aquarelle à la main, une *Actinologia britannica*, notant ses références avec le soin qu'il apportait à toute chose, inscrivant, à l'angle de son dessin, la cote de l'ouvrage de Philipp Henry Gosse, par exemple (Londres, 1860). Mais on le pressent, en passant par ses

13

mains, la faune et la flore abyssales prendront des formes uniquement décoratives : avec les hampes, les rinceaux, les rosaces, les dentelles des échantillons naturels, il composera non point un diorama puéril, mais une opulente tenture sur quoi Galatée se détache en sa divine inertie.

Dans ce tableau, Moreau met pour la première fois en usage un stratagème dangereux et charmant : c'est de disposer autour de la figure maîtresse des petites créatures pygméennes. Celles-ci n'ont pas proprement le caractère de Génies ni le rôle de comparses, mais semblent habiter le décor, ou mieux, être des parties du décor même qui ont pris vie. On pourrait craindre qu'il ne résultât un certain trouble de la différence d'échelle entre le module exigu des « figures dans les grottes » et la stature de Galatée. Il n'en est rien : grâce à leur effacement, elles ne choquent pas plus le regard que ne le blesse l'énormité relative du cyclope, et l'artiste s'est ainsi fait un jeu de rapprocher sur le même petit panneau trois types d'humanité bien dissemblables. Dans sa pensée, ces femmelettes aux allures incertaines, peuple minuscule amalgamé au rocher, blotti paresseusement au fond des cavernes closes, servent à renforcer le sentiment en le multipliant ; au même titre, ou peu s'en faut, que les bestioles élémentaires, elles représentent des prolongements animés de la matière, un étage préparatoire de la création, la bête obscure se muant en homoncule. Par une imagination panthéiste, Moreau a donné un corps au désir, à la volition moléculaire ou, si l'on veut, doué d'une âme visible l'humble cellule perdue dans l'Océan, comme sous l'écorce des chênes les Anciens enfermaient la dryade. Il a reculé de la sorte, avec une hardiesse sans précédent, les limites autorisées de l'expression pittoresque.

CHAPITRE VII

LE CYCLE DU POÈTE

L'anneau de fictions plastiques appelé par nous *Cycle du poète* s'offre désormais devant nos yeux mieux informés comme un collier de médailles au pur relief, à fleur de coin. Gustave Moreau, en effet, montra la plus singulière sollicitude pour la figure du poète ; il anima les galbes antiques par l'infusion d'une pitié, d'une mélancolie originales et créa l'archétype du chantre à la fois triomphant et souffrant par son art. C'est que, pour un spiritualiste de sa trempe, le poète est une âme qui vole, une flamme qui luit et se consume. Que dis-je ! le poète est l'Ame même, prisonnière de la matière, l'Esprit, à peine attaché à sa fragile enveloppe ; la figure de l'illuminé devient donc, entre les mains du peintre de l'Idée, symbole indispensable et consacré.

A la vérité, ce cycle pourrait naturellement être placé sous l'invocation d'Orphée. Dès l'heure où il peignait la tête du chantre initiateur déchiré par les bacchantes, et même, dirons-nous en élargissant le sens du mot *poète* comme il sied, dès l'heure où il peignait un jeune héros de l'art entrant dans l'immortalité, Moreau professait le culte de l'artiste *créateur* et lui dressait un monument.

Le chantre, le porteur de lyre errant, Apollon et ses filles l'ont sacré; *sacer interpresque deorum*, son art est bienfaisant, divin; sa mission consolatrice se perpétue d'âge en âge. Pourtant, il est très jeune; il a, comme tous les héros préférés de Moreau, vingt ans à peine. Il est mêlé à tous les drames, tour à tour charmeur à qui tout cède et victime pleurée; car la vie barbare le broie trop souvent dans sa fleur. C'est Hésiode, instruit par les Muses; c'est Tyrtée, sorte de barde enthousiaste qui mène un peuple à la victoire; c'est surtout Orphée — rappelons-nous que les premiers chrétiens l'adoptèrent comme image messianique; — ce sont enfin, dans une longue théorie, derrière ceux dont le nom rayonne, les aèdes anonymes.

Leur instrument, la lyre magnifique, devient le symbole de la vibration sublime du génie humain. Merveilleusement ouvragée, elle ne quitte point leur flanc, et son poids est léger à leurs beaux bras pacifiques. Le laurier les désigne aussi; il ceint leur front, amplement; ses frondaisons parfument jusqu'aux cordes sonores, selon le dire d'Ovide :

> ..... *semper habebunt*
> *Te comæ, te citharæ, te nostræ, laure, pharetræ.*

Sous leur robe longue ou leur brève tunique, les poètes occupent une place d'honneur dans les foules ou dans les groupements que Moreau ordonne avec une rigoureuse méthode. Ces foules, remarquons-le ici, comportent principalement trois *castes*, pour ainsi dire, qui représentent toute l'humanité admise par l'artiste : les rois, selon le sens homérique, les guerriers et les poètes. L'homme *en soi*, sans attribut, n'existe pas pour Moreau : *de homine non fit sermo ;* c'est le poète qui synthétise les plus hauts sentiments de la créature. Nous venons de voir aux pieds d'Hélène les trois castes confondues en un lamentable amas d'agonisants : la plus tendre victime est un jeune poète, un faible jouvenceau dont le heaume et la lyre s'entrechoquent. Prenez le *Tyrtée ;* prenez les *Rois Mages*, le musicien marche au premier rang; dans le désarroi qui remplit la vaste toile d'*Ulysse et les Prétendants*, c'est le chanteur Phémius qui tient

LE CENTAURE ET LE POÈTE, AQUARELLE

(Musée Gustave Moreau.)

le centre du tableau ; sauvé des flèches terribles par l'innocence de
son art, il sera épargné.

Mais le poète a des sœurs aînées, soustraites aux liens terrestres.
L'adorable génie des Grecs ne fut jamais mieux inspiré que quand
il créa les Muses. Il a fait d'elles, par des retouches successives,

LES SIRÈNES, AQUARELLE

des entités en qui s'équilibrent à ravir les attributs spirituels et les
propriétés plastiques ; elles incarnent les abstractions les plus hautes,
l'absolu des sciences et des arts libéraux en des corps nobles et
vierges et sont issues du même sang divin. Pudiques et méditatives,
le poète les connaît toutes, quoique ses constantes amies sont celles
qui président au rythme et à l'harmonie. Bien vite d'ailleurs, chaque
rapsode fut censé avoir sa Muse familière ; il devint inséparable de
cette Muse adjutrice, qui l'inspire, le dirige et le fortifie.

Gustave Moreau eut les neuf sœurs en grand amour. Les voici
groupées autour de leur père, le blond chorège Apollon, dans la
composition inachevée du musée Moreau (1868) : elles le quittent,

LE POÈTE ET LA SIRÈNE
Carton de tapisserie.

dit le titre, *pour aller éclairer le monde*, sveltes, élégantes et sereines,
pareilles à un vol d'oiseaux de paradis. Assis en pleine nature sur
un trône étagé, le dieu regarde, avec cette superbe que les Anciens
lui prêtaient, se détacher de lui la phalange qui se partage le mandat

d'enseigner les hommes. Nous retrouvons le même essaim diapré adulant et caressant avec une ferveur discrète l'éphèbe Hésiode, le doux pasteur ingénu, attentif à recueillir parmi leur murmure les secrets de la théogonie ; tel Bouddha parmi les *gopis*. Enfin, ce sont elles toujours qui s'avancent en bataillon serré dans l'aquarelle du musée du Luxembourg (don Charles Hayem). Étroitement unies, sévères sous la parure, elles vont le long du fleuve, et leur chant est une prédication, peut-être une prophétie, qui s'achève en augural unisson. Devant elles, un cygne fendant l'air semble guider leurs pas, tandis qu'Éros, embusqué derrière un arbrisseau, leur adresse vainement des paroles de miel ; car — et telle est la moralité de cette exquise idylle — les chastes Piérides, absorbées par l'idéal qu'elles proclament, sont insensibles aux promesses ailées de l'Amour.

Pour se redire à l'aise, Moreau se servit presque uniquement de l'aquarelle dans la série *apollinienne*. Un lavis en camaïeu rehaussé, préparé pour être exécuté en émail (musée du Luxembourg, don Charles Hayem), *Les Plaintes du poète*, nous montre l'intimité du novice et de l'Inspiration : un délicat apprenti dont la lyre est brisée avoue ses larmes et son dépit à celle qui les calmera d'un sourire ; comme un ramier blessé, il s'abandonne pantelant ; mais, d'une main maternelle relevant la paupière alanguie de l'enfant, elle a déjà baigné ses yeux de salutaires effluves. *Hésiode et la Muse*, c'est l'éducatrice ouvrant du geste les voies au missionnaire de l'art et conférant à la lyre les vertus éternelles. *Vers le soir*, c'est l'Esprit harmonieux suspendu sur les eaux d'un lac, à l'heure où paraît la première étoile, *Vates, Musica sacra*, répètent le thème de l'apostolat ; *Les Épreuves* nous présentent un type remarquable du poète souffrant : sa tête douloureuse porte une riche auréole ; sa robe talaire fait hésiter sur son sexe ; enfin, d'étranges petites créatures volantes — notons ce trait — le circonviennent et l'obsèdent.

Parfois, échevelé, en proie à la démence poétique, le citharède vague dans les grands bois. Parfois Pégase le surprend endormi de fatigue. Tout est péril pour lui, les fauves et la foule ingrate ; et n'est-il pas déchiré d'un perpétuel tourment, oppressé par le souvenir d'infortunées amours, par l'instinct de sa faiblesse humaine, par la nostalgie qui étreint les âmes où réside un dieu ? Combien ont péri sans funérailles, au fond des ravins solitaires ! Certes, il arrive qu'un centaure charitable recueille la victime et songe, en son simple cœur, que l'homme est insensé (*Le Centaure et le poète* *, G. M.*) ; mais l'oubli, comme une eau dormante, ensevelit la plupart. A ceux-

Gustave Moreau — LES PLAINTES DU POÈTE — Dessin pour illustrer
le recueil D'œuvres

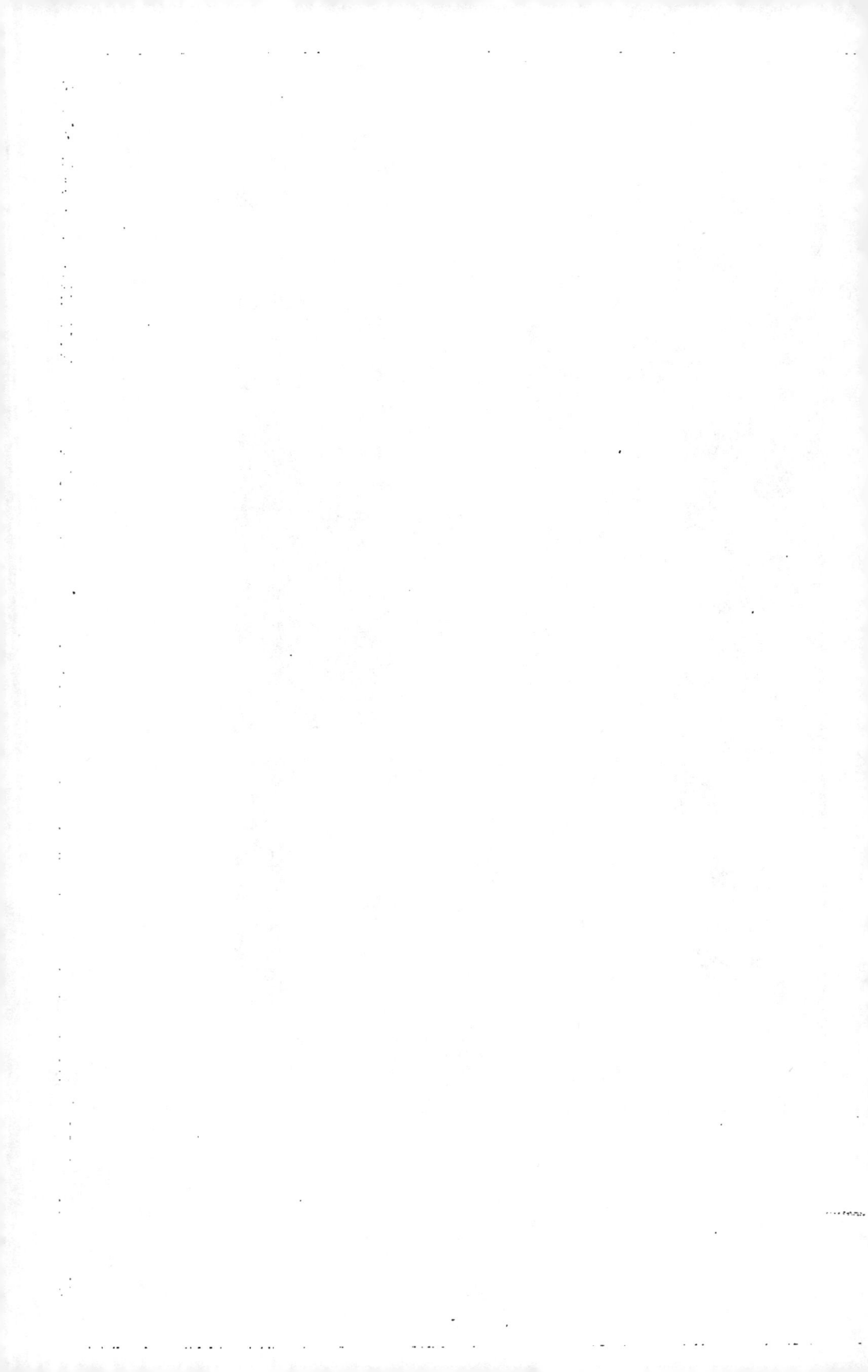

là Moreau comptait dédier une sorte de commémoration collective en
ébauchant le tableau des *Lyres mortes* (inachevé, G.M.) : sur un gouffre
où s'engloutit le troupeau des poètes vaincus par la vie se dresse,

LA CHIMÈRE

en floraison héraldique, le blason triomphant de la Poésie qui renaît
et s'épanouit sans fin.

Sapho, tranchant par le suicide un inconsolable veuvage, fut
adoptée bientôt par Gustave Moreau, en imitation de son jeune
maître Chassériau, mais non point, au gré des glossateurs litté-

14

raires, sous les couleurs d'une muse impure ou maudite. Il la vit
pleurant Phaon sous les voiles de deuil ; il la vit précipitée du
promontoire, gardant à l'instant suprême de la chute une idéale
eurythmie de lignes, tandis que la falaise répercute un cri d'angoisse,
poussé à pleine gorge ; il la vit, enfin, inanimée sur la grève, aux
derniers feux du jour : ce fut, dans l'œuvre de Moreau, une romanesque et touchante série.

Cependant, la créature illuminée court d'elle-même à de plus
vastes précipices, à de plus glorieux suicides. Le poète, c'est-à-dire
l'homme cérébral, aspire à ne plus toucher terre ; l'âme cède au
vertige, attirée par le vide astral où les sphères chantent aussi.
En 1869, Moreau combinait les éléments d'un monstre taillé pour
les voyages aériens du rêve. Pour donner une monture digne d'elle
à l'imagination, ou, si l'on veut, pour incarner l'imagination même,
il fondait ensemble Pégase et le Centaure et fabriquait la *Chimère*,
la *Grande Chimère* dirons-nous, afin de la distinguer d'une famille
de monstres inférieurs que nous rencontrerons plus tard. Celle-ci
est de noble race. Ses ailes ouvertes remplaçant des bras, une
dernière foulée la suspend au-dessus du gouffre, et, dans sa face
androgyne, ses yeux bleus fixent le zénith. Mais une créature
éperdue, une vierge mortelle — une âme en larmes — s'est jetée
d'un bond au col de la Chimère qu'elle aime, abandonnant derrière
soi ses terrestres voiles, rejetant la tête en arrière pour ne pas voir
l'abîme béant ; un même aquilon fouette leurs chairs, et leur élan
passionné les conjoint un instant en un groupe tout entier dessiné
sur le ciel... Je ne connais pas, dans l'histoire de l'art, de symbole
plus net et plus sublime.

Dans ce cycle où l'hégémonie de l'art musical est symbolisée
en thèmes si divers et si classiques, on nous permettra, malgré leur
caractère généralement fatal, d'enfermer la série des *Sirènes ;* tel est
du moins le nom accepté par Moreau et les modernes pour désigner
les êtres qui tiennent de la femme et du poisson en leur convention-
nelle hybridité [1]. Voix perverses ouïes dans la brume et la tempête,

---

1. C'est un étrange abus. Les Sirènes d'Homère et de tous les auteurs classiques sont des oiseaux à buste de femme, comme les Harpyies ; elles n'habitent
point la mer, mais perchent sur les récifs. Tout être fabuleux qui, selon le vers
d'Horace,

Desinit in piscem mulier formosa superne

est une Néréide, quoique les Néréides ne soient pas forcément hybrides.

elles attirent le navigateur imprudent sur les écueils par la douceur
de leur chant ; ce sont, une fois de plus, des monstres séducteurs, et
Gustave Moreau, nous le savons, ne peut résister à la tentation de
les affronter tous. Homère peint les tristes solitaires sous des traits
repoussants, « assises dans une prairie, entourées d'un monceau

LE POÈTE INDIEN

d'ossements et de chairs que la corruption consume ». Moreau, selon
sa coutume, les a faites graves et belles. Dans une délicate aquarelle,
précieusement amortie de ton, les trois filles d'Achélous et de Cal-
liope s'enlacent sur le rivage de quelque Thulé perdue, et, couron-
nées de coraux, élèvent un chœur mélancolique. Puis, sa pensée
s'est compliquée, jusqu'à vouloir rapprocher le *Poète et la Sirène*, —
et c'est le sujet d'un carton que la Manufacture des Gobelins vient
d'exécuter en tapisserie. — Pour une fois, la rencontre de l'homme
et du monstre n'a pas d'issue meurtrière. Au fond d'un antre monu-

mental, entourée de polypiers arborescents rappelant le décor de la
Galatée, coiffée d'un bouquet d'algues et dressée sur les replis de sa
croupe, la Sirène protège du geste un jeune poète endormi sans
défiance. Ainsi, l'art de ce mol enfant a fléchi l'être insidieux qui
tout à l'heure usait pour attirer l'ingénu de la même séduction
musicale ; le maléfice n'a pas de prise sur celui que marque le sceau
d'élection : double triomphe de l'harmonie à quoi tout obéit.

Ce chapitre, enfin, paraîtrait incomplet si nous n'y admettions
— en l'isolant de la belle famille des sujets symboliques — une
série purement pittoresque et charmante, le cycle de la poésie orientale. Maintes fois, Moreau promena, sur le dragon né des grands
fleuves, la *Péri*, la petite musicienne assidue aux fêtes célestes.
Plus tard, d'après le modèle des miniatures indo-persanes, il la fit
voyager en royal équipage sur le dos d'éléphants superbement har-
nachés *(La Grande Péri* *)*. Vinrent ensuite quelques figures de poètes
orientaux, des trouvères persans chevauchant à travers le monde,
la mandore au flanc ; tel Firdousi, le chantre des duels épiques de
Roustem et d'Isfendiar. Un tableau résuma cette série sur le tard :
on y voit un Hafiz ou un Saadi, vêtu de blanches mousselines,
déclamant des strophes de gloire et d'amour devant un auditoire de
princesses, au fond d'un parc, en Golconde sans doute...

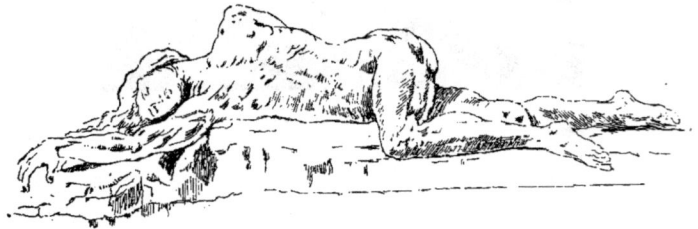

Hydre.

CHAPITRE VIII

Si nous avons pu donner une idée du secret royaume où la pensée de Gustave Moreau a constamment habité, on sera surpris d'abord de voir le peintre des légendes mortes devenir, par aventure, l'illustrateur dévot d'un livre que tous les écoliers ont entre les mains, les *Fables* de La Fontaine. Rien que le souvenir des estampes faciles composées par une pléiade d'artistes fort peu spéculatifs pour les éditions innombrables du livre où l'on apprend à lire semble dévier l'esprit bien loin des images en quelque sorte religieuses au milieu desquelles nous vivions à l'instant. Mais on s'apercevra vite que ce « voyage aux Antipodes », comme disait le siècle dernier, a ramené le mythologue passionné à son point de départ, à son domaine favori. Les soixante aquarelles qu'il exécuta, en quatre ans, d'après les *Fables* les plus célèbres, donneraient à elles seules la mesure de son génie propre et nous offrent, sous un format restreint, la pure essence de sa doctrine esthétique.

C'est qu'un malentendu séculaire a terni le sens vrai de la fable, et ce malentendu abusa Moreau le premier. Sollicité par une insistante amitié d'aborder ce travail d'illustrateur, il hésita longtemps. Il avait d'intimes préventions contre toute subordination à un texte écrit, à un programme, et les avait poussées jusqu'à bannir de son art la peinture de toute réalité historique. Il était d'ailleurs, en 1881, à l'apogée de son activité imaginative ; on l'interrompait dans sa recherche du grand œuvre pour une distraction d'apparence futile : supposez Raymond Lulle quittant la lecture d'Hermès Trismégiste pour étudier un recueil de gais devis ou de centons enfantins. Puis, quelques *Fables* le tentèrent par leur féerie point trop ravalée ; il n'en avait pas essayé une douzaine que la portée du livre entier se dévoilait à lui et qu'il s'y plongeait avec la plus franche ardeur.

Il avait découvert l'antiquité, l'humanité de l'apologue. Certes, cette antiquité, les fabulistes classiques l'avouent bien, en se retranchant les uns derrière les autres. Après l'hommage rendu à Ésope dans son *Épître dédicatoire*, La Fontaine ajoute, en préface au second tome de ses *Fables :* « Je dirai par reconnaisance que j'en dois la plus grande partie à Pilpay, sage indien. Son livre a été traduit en toutes les langues. Le gens du pays le croient fort ancien et original à l'égard d'Ésope, si ce n'est Ésope lui-même sous le nom du sage Locman. » Cependant, le caractère foncier de l'apologue échappa presque tout à fait aux poètes qui l'ont mis en vers, hormis sans doute à Socrate, et l'humanité ancestrale de la matière ésopique fut pour eux lettre close. L'étonnante intuition d'un Gustave Moreau résolut le problème ; elle devina, encore une fois, à travers les grâces ailées du poète français, l'origine orientale de l'apologue et sa haute aristocratie. Sans avoir lu le *Pantchatantra*, ni le *Kalila et Dimna*, l'artiste s'initia de lui-même aux beautés du conte, comme il avait pénétré celles du mythe, et sa joie fut grande d'y trouver ce qu'il aimait par-dessus tout : des tableaux sans lieu ni date, invariablement plastiques et portant en eux leur sentence.

Cette fois, en effet, il n'y a plus d'équivoque. Le thème de ces images-ci n'a besoin d'aucun commentaire ; il est connu, sinon compris de tous. Seulement, c'est l'aquarelle qui, le plus souvent, nous révèle, derrière l'inconsciente parodie de la rédaction pédagogique, l'allure du sujet primordial.

La collection est d'une frappante unité. L'aisance du métier et
sa largeur abondante, le faste du coloris, la répartition des valeurs
ont la même autorité qui s'impose dans les vastes pièces du don
Hayem. Nulle trace de fatigue et surtout nulle étude de calligraphie,
de miniaturage ; les plus rares délicatesses sont lavées à grande eau
et posées comme un duvet sur le vélin, à moins que des épaisseurs

LE PAON SE PLAIGNANT A JUNON
Aquarelle pour les *Fables* de La Fontaine.

relatives, balayées à sec, ne jouent le rôle d'empâtements et n'ajou-
tent au mystère des fonds. Vraies aquarelles de peintre, il semblerait
que chaque page soit la copie d'un tableau parachevé, enlevée dans
la fougue d'un clair matin.

Ferons-nous le choix des plus belles ? En vérité, ce serait briser
un collier pour arracher quelques perles. On peut penser que les
fables immédiatement transposées de la version antique ont eu la
prédilection de Moreau ; et, en effet, il a mis intégralement en

œuvre les principes mêmes de son style classique dans la série qui contient *Le Paon se plaignant à Junon, La Fortune et l'Enfant, La*

LE PAYSAN DU DANUBE
Aquarelle pour les *Fables* de La Fontaine.

Matrone d'Éphèse, Démocrite et les Abdéritains, etc.; ce sont autant de compositions indépendantes, qui s'élargissent à mesure qu'on les scrute. *Le Paysan du Danube*, par exemple, n'est-il pas un tableau complet en soi? Ailleurs, l'Orient des *Mille et une nuits* l'inspira, directement dans *Le Songe d'un habitant du Mogol, La Chatte méta-*

morphosée en *femme*, *Le Rat et l'Éléphant*, etc., et, d'autres fois, d'une façon imprécise, à l'état de senteur subtile. Comment s'en

LE SINGE ET LE THÉSAURISEUR
Aquarelle pour les *Fables* de La Fontaine.

étonner, puisque le livre où l'Orient s'ébat en toute liberté n'est lui-même qu'un recueil de fables et que la moindre merveille est d'y voir les arbres chanter, l'eau parler, les pierres précieuses s'aimer, les fleurs proposer des énigmes, tous symboles dont nous ne saisissons plus la trame déliée — autant vouloir retrouver le sillage

15

de l'oiseau dans les airs ? — Et cependant, lorsque la fable évoque la simple figure de l'homme et l'image de l'animal, en leur quotidien compagnonnage, Moreau, comme emporté par son élan, ne déchoit pas ni ne s'embarrasse. On doit placer l'illustration des fables les plus humbles et les plus plébéiennes au même niveau que celle des thèmes en apparence plus relevés. *La Mort et le Bûcheron, L'Huître et les Plaideurs, Les deux Pigeons, Le Voyageur et le Torrent, Le Singe et le Thésauriseur* (on croirait d'une eau-forte de Rembrandt), *Le Savetier et le Financier*, etc., ont excité la verve et réveillé l'émotion du peintre qui craignait tant de s'abaisser. *Hominem pagina sapit*, convient-il de dire ici, avec respect. Enfin, quand l'animal seul reste en scène, l'intelligente observation de Moreau, son habileté à extérioriser le drame suppléent, et ses pinceaux embellissent juste autant qu'il convient ce qu'ils touchent. Je n'en veux pour exemple que *Le Singe et le Dauphin*, car on sent de reste combien ses recherches antérieures disposaient le peintre à traiter royalement la clientèle animale des *Fables*.

Jetons, en effet, un regard en arrière. Gustave Moreau n'a si savamment combiné la vivante architecture des monstres de la mythologie que par l'intérêt grand qu'il porte, en imitation des Anciens, à la plastique de la bête, aux qualités propres de chaque organisme animal. Nous l'avons vu équilibrer, modeler, ciseler à la perfection des êtres de raison tels que la sphynge thébaine, la guivre de Colchide, la chimère et le centaure, l'hydre et la sirène, le dragon ailé ; pour la plupart, ce sont des incarnations du Génie du mal ; mais Iblis n'est pas seulement artisan de ruse, il est aussi artiste raffiné. Le maître a donc construit ces entités fabuleuses avec des éléments mûrement choisis dans la faune naturelle ; et ce fut pour lui mieux qu'un jeu, ce fut une application de son goût d'analyste. Très peu de peintres de style ont étudié avec le sérieux qu'elle mérite la coordination des formes chez les espèces zoologiques ; presque aucun n'a pénétré aussi avant que fit Moreau dans la logique harmonie de leur corps et de leur instinct.

En guise de frontispice à la collection de ses aquarelles, Gustave Moreau peignit, dans sa svelte nudité, la *Fable* même emportée par l'hippogriffe au-dessus des nuées. L'image est familière à son pinceau, parce qu'elle définit bien l'infatigable errance de son caprice et l'essor de son imagination. Cependant, la plus forte leçon qui résulte de ses œuvres est de voir la refonte critique à laquelle il soumet l'inspiration puisée si haut et si loin. Il jette au creuset cent

pépites pour en retirer un lingot homogène, au timbre clair — on
songe à cet airain de Corinthe qui contenait de l'argent, de l'or. —

LE SINGE ET LE DAUPHIN
Aquarelle pour les *Fables* de La Fontaine

L'amalgame est complet, l'alliage ennobli d'un seul coup. De là le
caractère de constante gravité, la fière tenue qu'il ne lui coûte pas
de conserver dans des thèmes de style fort inégal. *Mihi res, non me
rebus subjungere conor,* aurait-il pu répondre en souriant au pédant
qui lui eût reproché de peindre *Le Rat de ville et le rat des champs ;*

car il n'est pas besoin de signature pour reconnaître dans ce petit *sujet* la même main qui peignit les dieux et les héros.

J'ai parlé des *Mille et une nuits*. Un seul artiste au monde eût pu les illustrer dans un art adéquat : celui qui savait, dans le caprice le plus déréglé, trouver des lois et un équilibre. Les images dont se sert la fiction asiatique sont d'ailleurs empreintes d'une étrange stabilité. « Comme à la porte des mosquées le musulman dépose ses sandales, de même l'Occidental laisse au seuil de ce livre ses pensées inquiètes et actives. Le calme des pays chauds qu'il exhale se communique à l'esprit. Peu de passions… ; un fatalisme immuable régit ce monde empli de métamorphoses et de catastrophes. » Ainsi disait Paul de Saint-Victor du livre d'or des contes ; ainsi aurait compris l'intussusception de Moreau.

CHAPITRE IX

LES ŒUVRES RELIGIEUSES

Un besoin d'expansion sentimentale, un appel de sa piété profonde arrachaient de loin en loin
Gustave Moreau à ses pèlerinages
profanes pour le ramener vers les
scènes de religion chrétiennes[1]. On
peut supposer qu'il y trouvait un
repos salutaire et que son ardente
imagination se détendait doucement
dans l'onction des Livres saints ;
telle est, du moins, l'impression qui
se dégage des œuvres fort belles où
il a peint le drame chrétien, œuvres
sobres, œuvres pour ainsi dire canoniques et d'une singulière limpidité.

C'est délibérément, croyons-nous, que, dans cette série, le
penseur, le poète et le peintre se sont subordonnés à la tradition, à

1. Vers 1862, Gustave Moreau exécutait pour l'église d'une petite ville de
l'Aveyron un *Chemin de Croix* composé de quatorze pièces. (V. l'*Appendice*, § III.)

l'iconographie consacrées, avec une sorte de modestie et d'effacement touchants. La foi de l'homme dut imposer des réserves sévères au caprice inné de l'artiste; après avoir enrichi la légende biblique elle-même d'ornements parasites, le premier fit taire chez le second les suggestions pittoresques. Rien qui offusque la convention orthodoxe; rien qui se réclame du principe de la *Richesse nécessaire* ou rappelle la fascination de l'Orient. Le symbolisme chrétien est, d'ailleurs, universellement divulgué; il ne nécessite aucune paraphrase et ne saurait guère être rehaussé.

SAINT GEORGES, DESSIN

Aussi la figure du Christ n'a-t-elle subi, entre les mains de Gustave Moreau, nulle altération. Cette constatation ne laisse pas que d'être curieuse, en un temps où des libertés bien grandes sont prises avec l'image du Messie, et par des peintres qui n'y semblent guère autorisés.

Il est à remarquer, au surplus, que Gustave Moreau s'en est tenu aux scènes dramatiques qui se déroulent sur le Calvaire; il s'est écarté, par quelque retenue difficile à apprécier, des scènes familières où s'épanchaient, en d'humains abandons, les maîtres d'autrefois. Une *Vierge avec l'Enfant*, très simple, fait exception, alors qu'on se serait attendu à ce que les attributs mystiques de la Vierge l'eussent spécialement attiré.

Le précieux petit panneau représentant *Le Christ descendu au pied de la croix* (musée du Luxembourg, don Ch. Hayem), une *Déposition de croix*, plus petite encore, deux *Pietà*, sont les types parfaits de cette série et brillent d'une rare beauté technique. Une déploration grandiose sort de leur ordonnance romantique, en même temps qu'un minutieux travail y accumule, sur quelques pouces de matière, des accents et des modelés d'une volonté magistrale.

Il convient d'en rapprocher quelques images de haute édification, parmi lesquelles un *Bon Samaritain* voilé de recueillement

et d'austère tristesse, un *Saint Sébastien* assisté par un ange; le
corps nu du martyr a cette grâce châtiée où transparaissent des
souvenirs de l'école lombarde. On y joindra volontiers aussi tel
Saint Georges combattant le dragon, qui semble une radieuse ver-
rière, un *Saint Martin* divisant son manteau, etc.

Deux *Sainte Cécile*, fort riches d'effet et datant des dernières
années, sont curieusement accom-
pagnées d'un vol d'angelots exta-
tiques. Mais nous sommes loin des
serviteurs ailés qui, dans les tableaux des maîtres, s'empressent
autour des orgues; ici, ce sont des
petits Génies auréolés, des *Esprits
de la musique*, dont l'essaim semble
se baigner dans les ondes de l'harmonie sacrée; ce sont des émana-
tions incorporelles à peine maté-
rialisées, des âmes.

Une des reliques les plus sur-
prenantes qu'abrite le musée Moreau
est sans contredit le grand dessin à
peine échantillonné d'un tableau
qui devait être intitulé *Les Chimères*. Ce pourrait être un carton
préparé pour quelque tapisserie de
soie, sur fond d'or; le trait est
partout arrêté dans ses dernières
finesses et d'après d'innombrables
dessins, si bien que cet « état » nous

SAINT SÉBASTIEN

donne l'intention du penseur en son intégrité. Or, il date de 1882
et l'inspiration en est entièrement originale.

A plusieurs reprises, Moreau conçut le plan de compositions
personnelles, indépendantes de toute attache avec la tradition. Le
tour de son esprit l'inclinait à leur donner le sens d'une édification
religieuse, imprécise à coup sûr, mais de nature à séduire certaines
âmes méditatives. Il chercha, dans cet ordre, une allégorie de la *Foi*,
un polyptyque (1886, G. M.) pouvant être intitulé *La Vie de l'Humanité* (Adam, Orphée, Caïn présidant aux trois Ages d'or, d'argent et
d'airain), etc. *Les Chimères* — dont la pensée génératrice est, au

fond, identique à celle qu'inspira la *Grande Chimère* — sont de beaucoup le plus transparent de ces schémas comme aussi le plus compliqué.

Sur les flancs ajourés et découpés à plaisir d'un mont verdoyant, dans l'inaction d'une demi-vie végétative, palpitent cent et cent créatures dont les groupes s'échelonnent et s'enlacent en spires multipliées. Un mouvement ascensionnel entraîne les unes vers le sommet ; la plupart stationnent en foule indolente ; et quelle foule ! Ce ne sont que figures de femmes indiciblement variées, nouant leurs nudités et leurs parures sans se connaître, sans se voir. De tous les temps, de toutes les contrées, de toutes les races, elles mêlent leurs ajustements dans une immense anarchie et leurs secrètes passions les confondent en une géhenne surhumaine. Car un monstre hante chacune des misérables larves, symbole repoussant de son indignité ; chacune a près de soi *sa chimère*, son démon auquel elle obéit — Moreau s'est complu à en varier de toutes façons la structure, terminant en faces humaines gracieusement diadémées des corps de serpents, de rapaces, d'insectes, de tortues, etc. — et ce démon rampe et vole, s'infléchit, se fait caressant et persuasif, sans que l'être aveuglé découvre la bestialité du succube et son abomination.

Puis, on discerne d'autres objets : au faîte de ce promontoire, bien haut au-dessus de cette morne et silencieuse bacchanale, un peuple pieux paraît adorer le symbole chrétien. Enfin, par une trouée du roc, on aperçoit un fleuve, des clochers, une ville...

On ne saurait s'empêcher de songer, devant ce *pandæmonium*, à la disposition de ces Paradis, de ces « Montagnes de vie » que les peintres flamands ont encombrés de groupes bienheureux, et plus d'un détail, la ville, par exemple, ressort de l'art des miniaturistes (le moyen âge était entré dans les préoccupations de Moreau sous des formes diverses). Mais ce qui nous importe devant une œuvre si composite, c'est surtout de saisir les nuances de la pensée directrice. Voici comment nous croyons pouvoir développer celle-ci, sans craindre d'en fausser gravement la portée.

Il s'agit ici d'une sorte de *Décaméron satanique* — ainsi du moins l'intitulait le peintre. — Cette île des Rêves emprisonne toutes les formes de la passion, du désir, de la fantaisie chez la Femme, être inconscient dans ses moelles, follement épris du mal et séduit par l'inconnu. Rêves enfantins, rêves des sens, rêves monstrueux, rêves mélancoliques, rêves transportant l'esprit dans le vague des

LES CHIMÈRES, FRAGMENT CENTRAL
(Musée Gustave Moreau.)

espaces, ce seront toujours les sept péchés capitaux proposant leur damnation aux créatures innocentes et subjuguant les coupables. Les théories des reines maudites quittent à regret le serpent tenta-

16

teur ; l'aberration de leurs compagnes attend, sur le bord des chemins, le passage du bouc de luxure ou les jette sur la croupe d'une
Chimère, d'où elles retombent éperdues de vertige et d'horreur.
Certaines demeurent isolées, absorbées dans leur vice morose,
l'envie, l'orgueil ; et les Chimères seront les Protées du mal originel.
— Au loin, la cité morte, dont les clochetons, les aiguilles se découpent sur un ciel attristé, près d'eaux sans couleur et stagnantes, ce
sera l'habitat des vies discrètes, timides, aux joies restreintes, la cité
des créatures simples, que leur candeur préserve des égarements
de l'imagination. — Mais, sur les derniers étages de la montagne,
des figures se hâtent péniblement vers la cime, lassées et meur-
tries : peut-être parviendront-elles à s'élever assez pour ne plus voir
que le ciel, pour atteindre au signe de rédemption, au refuge éternel.

Certes, ce *Rêve des rêves* reflète des cogitations qui se laissent
difficilement réduire par les moyens de l'art. L'abstraction moralisa-
trice exige de clairs symboles, tels que ceux dont l'ont habillée les
artistes des grands âges, et l'Enfer, non plus que le Purgatoire, n'est
point aisé à peindre hors du formulaire consacré. Moreau abandonna son dessin sous le coup des objections soulevées par sa propre
critique. Regardons-le pourtant longuement, ce dessin fantastique et
doux ; regardons-le comme la confession murmurée d'une âme
visionnaire et agitée de grands spasmes. Sur le plâtre de leur
cellule, on aimerait à se figurer que certains *frati* de la Renaissance, instruits et nourris du miel de la mysticité, ont parfois tracé,
sans expérience de l'art, les images dont leurs veilles étaient traversées après la lecture des livres inspirés. Comment eussent-ils
stigmatisé les laideurs et les ruses du péché, la mondaine corruption, la tentation harcelant l'humaine faiblesse, sinon sous les traits
d'une naïve et poétique démonologie? Comment eussent-ils exalté les
épreuves régénératrices des élus, sinon par de glorieuses proces-
sions et de blanches milices en marche vers le Paraclet? Le peintre
retranché dans son douloureux monachisme semble avoir de même
composé pour soi seul cette apocalypse imagée et s'être contenté de
linéaments dont seul il saisissait l'éloquence.

CHAPITRE X

En voyant approcher le terme de cette étude, je ne me dissimule point combien d'œuvres brillantes j'ai écartées pour ne présenter en pleine lumière qu'une vingtaine de créations maîtresses. Je tenais surtout à exposer, d'après la doctrine recueillie de la bouche même de Gustave Moreau, et dans ses années les plus fécondes, l'enchaînement selon lequel sa pensée et son art ont propagé leur commune action. Si j'ai pu rendre sensible le rythme de cette grande onde spirituelle, je suis bien loin d'en avoir marqué tous les méandres. J'ai négligé maints courants sporadiques; d'autre part, l'heure est venue de considérer les derniers ouvrages du maître, ceux qu'il produisit dans ses huit ou dix dernières années. Fidèle

à la même méthode, je n'insisterai que sur deux spécimens émi-
nemment caractérisés.

Vers 1890, Gustave Moreau entrait dans ce crépuscule de la vie
où les rayons du flambeau semblent se renforcer. Une poignante
affliction venait d'étreindre son cœur d'homme. Insensible à sa gloire
grandissante, il se rejeta dans le travail avec un acharnement déses-
péré.

Étrange essor de ces belles forces surexcitées ! Fermentation
spirituelle à ce point débordante qu'idées et images ont l'air de se
compénétrer les unes les autres, heurtées par un flux précipité !
Comme il arrive le plus souvent, les préoccupations imaginatives
et sensorielles dans le commerce desquelles il avait vécu revinrent
en tourbillons pressés obséder l'esprit moins vigilant de Moreau.
On en saisit l'ultime condensation dans les deux œuvres qui sont
pour ainsi dire son testament d'artiste.

La fascination de l'Orient, avons-nous dit, ne devait pas cesser
d'agir sur Gustave Moreau. C'est un Orient de plus en plus reculé,
de plus en plus utopique, où la fourmillière humaine est effroyable-
ment dense et mouvante. D'après le *Lalitavistara*, quand le monde
apprit la naissance de Bouddha, la ville de Kapilavastou se trouva
tout en fête : les étangs se couvrirent de lotus ; les harpes, les
théorbes rendirent sans être touchés des sons mélodieux, pendant
que cent mille *apsaras* conduisaient les chœurs célestes ; cinq cents
jeunes éléphants blancs se prosternèrent au pied du roi ; cent mille
filles des dieux apparurent, tenant en main des éventails ; puis, des
centaines de millions de dieux, avec les mains, avec les épaules,
avec la tête, soutinrent et portèrent le char destiné au héros, etc.
L'Inde n'a pas connu la mesure dans ses théogonies : elle est le
théâtre idéal des féeries déréglées ; un nom magnifique y attira
l'imagination de Gustave Moreau : le nom d'Alexandre.

Mais ce n'est pas ici l'Inde ; ce n'est pas le pays des Baraomates
tel que les phalanges macédoniennes en purent garder le souvenir :
c'est, par-dessus l'Orient, l'Extrême-Orient imaginaire, tel qu'il
apparaît dans les récits de Sindbad le marin, chez Ibn-Batoutah,
Marco Polo ; c'est, à travers un prisme irisant, le raccourci de
toutes les merveilles du conte bleu. Seules les estampes bouddhistes
où sont peints les sanctuaires recommandés aux pèlerins montrent
quelquefois de pareils amas de pagodes rapprochées à l'envi. Taillés
à vif dans la masse des monts, excavés dans l'améthyste et le quartz

hyalin, les *stoupas*, les portiques, les lacs sacrés de la ville inconnue
centralisent au fond d'un cirque magique les prodiges d'une Babel à
demi-souterraine. Et là se déploie la pompe du triomphe : le conquérant, sur la plate-forme d'un trône dont les étagements pyra-
mident, assiste au défilé des peuples suppliants ; un roi, Porus sans

PROJET POUR « LES ARGONAUTES »
(Musée Gustave Moreau.)

doute, passe dans sa litière ; des troupeaux d'éléphants, des batail-
lons d'esclaves, des ambassades de satrapes, charrient les trésors
des empires déchus et s'inclinent. Les foules débouchent de mille
pertuis et se rangent sur des corniches suspendues : leur torrent
roule dans son flot dompté tout l'or de la barbare Asie. On croit les
voir se succéder et disparaître sur le cylindre d'un rouleau sans fin.

Le *Triomphe d'Alexandre* (vers 1890, G. M.), ne fut pas terminé ;

la préparation fine et polie porte en *graffiti* tracés à l'encre de Chine
le lacis d'une figuration pullulante, jeté comme un voile bruissant
sur le plus irréel des mirages. Il est, dans l'œuvre de Breughel, des
accumulations de silhouettes, des pléthores d'épisodes, des sara-
bandes de phénomènes qui, par leur rendu méticuleux, par leur
décevante saillie, confondent la logique aussi bien que la perspective ;
ægri somnia, peut-on dire de ces orgies sabbatiques. Le décor au
fond duquel s'anime le minuscule Alexandre de Moreau n'emporte
pas moins hors des gonds — mais pour quelles illusions transcendantes ! — la critique et la froide raison.

Cependant, de toutes les *chimères* qu'il a aimées et caressées lui-
même, celle que Gustave Moreau suivit le plus fidèlement est celle
qui le guidait dans le dédale de la fable antique. Il est naturel qu'à
la fin d'une vie presque uniquement vouée à la pénétration du mythe
grec, il ait vu se creuser de plus en plus devant lui les profondeurs
du panthéisme philosophal. Durant ses dernières heures d'activité,
le bouillonnement de son invention ne se contient plus. Il se rue à
l'assaut de l'abstraction légendaire ; il s'attaque aux plus redoutables
synthèses. Les stratagèmes plastiques auxquels il avait conservé
jusque-là un rôle subordonné prédominent sans contrôle. Voici que
le grand Pan, dans qui se confondent tous les germes, se dévoile à
ses yeux ; il discerne des pulsations au sein de la matière fécondée
et donne place à l'atome lui-même dans la divine hiérarchie.

La dernière œuvre qu'il ait signée en état de complet achève-
ment est datée de 1896. Malgré ses grandes dimensions, elle fut
composée et dessinée en quatre mois. Si l'on se souvient de la paraphrase que nous avons reproduite et où le peintre définit le thème
d'une *Léda* projetée, on nous pardonnera d'éprouver quelque hésitation à décrire la *Sémélé* ; mais nous n'en éprouvons aucune à
avouer que l'aspect surnaturel de l'œuvre en fait un monument
plastique absolument unique. Elle est imprégnée de pénombre et
traversée de rayons ; la couleur s'y émiette en mosaïques veloutées ;
on dirait d'un cachemire diapré sur lequel ondulent des lianes et
fourmillent des étoiles.

Sémélé ! Au centre d'architectures aériennes, colossales, sans
bases ni pinacle, couvertes d'une flore animée et se découpant sur
l'azur semé d'astres, le dieu se manifeste à la créature. Nul mortel
ne peut contempler la face de son Dieu, et pourtant la créature
aspire à connaître son créateur. Jupiter, maître souverain de

l'Éther, porte sur ses genoux son amante, une petite poupée humaine perdue dans ses bras infinis ; mais ce jouet si frêle, cette argile pétrie par lui-même, le dieu va la réduire en cendre, l'annihiler par l'irradiation de sa majesté. Devant le spectacle de Sémélé tordue et foudroyée, le démon terrestre aux pieds de bouc s'enfuit.

Alors, un frisson secoue le cosmos entier. La consommation de l'hymen mystique, l'absorption de l'être par le dieu est le signal d'une transformation universelle, à laquelle participent jusqu'aux ébauches informes qui sont les stades de l'évolution naturelle. Satyres, faunes, dryades, se dégagent du limon terrestre, gagnent les sommets, se métamorphosent en génies aux ailes éployées.

Aux côtés du trône, deux éphèbes veillent dans l'attitude d'officiants en adoration. Au pied du trône, la Mort et la Douleur. Non loin d'elles, sous la protection de l'aigle, le grand Pan courbe son front anxieux, environné par les êtres issus de l'Érèbe et de la Nuit qui doivent encore attendre dans les limbes obscurs.

La lune silencieuse et fatale, l'Hécate aux regards obliques, égarés, les griffons, les lémures, les hydres sommeillent au fond des abîmes. Enfin, les deux sphinx gigantesques qui sont le Passé et l'Avenir se contemplent l'un l'autre en souriant, gardiens des propylées célestes...

Le maître fut fier de son dernier ouvrage ; il se félicita tout haut d'avoir pleinement exprimé le dernier de ses rêves. Peu après, sa main se glaçait.....

« Maintenant, représente-toi une caverne souterraine », dit Socrate à Glaucon, dans la célèbre allégorie qui ouvre le septième livre de la *République* de Platon ; et le divin ironiste suppose des prisonniers qui n'ont jamais quitté cette caverne et voient seulement, par un artifice dont la source leur échappe, les ombres des choses se projeter et se mouvoir devant eux. « Considère alors l'état de ceux-ci dans le cas où ils seraient guéris de leur illusion... Si on les force de fixer leurs regards sur la lumière même, leurs yeux n'en seront-ils pas blessés ? Ne se détourneront-ils pas pour revenir à ces ombres qu'ils peuvent considérer sans embarras ? Ne penseront-ils pas que ces ombres sont plus distinctes que les objets qu'on entend leur montrer en face ? »

» — Certainement », répond Glaucon.

Il y eut de tout temps, parmi les artistes créateurs, une élite à laquelle on put appliquer la parabole socratique. Ne plaignons pas ces prisonniers-là : envions-les plutôt, car leur part fut et reste infinie. Volontairement liés dans leur temple secret, ils sont offensés par le relief de la vie extérieure et se détournent vers les tableaux qui, sur la paroi du monument, se peignent en plein mystère. Mais la clarté qui projette de telles ombres, quelle est-elle, si ce n'est leur propre inspiration ?

Il ne nous appartient pas de mesurer l'œuvre de Gustave Moreau ; à peine prétendons-nous être sur la voie de le connaître et de le comprendre. Cependant, en nous arrêtant ici, nous ressentons cette exaltation singulière qu'on n'éprouve qu'après avoir vécu au milieu de doctrines fortes et désintéressées, d'images hardies et nobles. L'ambition du maître disparu fut de maintenir les droits de la peinture à exprimer le suprême des conceptions humaines. Par là même, on pensera peut-être avec nous que son art échappe aux classifications de pure esthétique et que les beautés visibles dont nous demeurons éblouis répondent à d'autres beautés plus profondes et plus grandes.

APPENDICE

I

S i nous ne donnons, pour accompagner cette étude, aucun portrait de Gustave Moreau [1], et s nous n'insistons pas sur le détail de sa biographie, c'est afin de nous conformer au désir maintes fois exprimé par lui-même. Son sentiment était que l'individualité de l'artiste ne doit en aucun cas se produire en public et qu'il convient à l'homme de disparaître derrière son œuvre tout entier. Cependant, quelle noble et délicate nature était la sienne! Combien ses entretiens, qui ouvraient de si larges horizons, montraient aussi de franche vitalité, d'humaine ardeur et d'aimable abandon!...

Gustave Moreau naquit le 6 avril 1826, à Paris. Son père, un modeste architecte, n'avait pas contrarié sa vocation, et nous avons déjà tout dit sur ses débuts en signalant les mauvais souvenirs qu'il garda de l'enseignement académique tel que l'administrait le médiocre Picot. En réalité, la révélation d'un idéal plastique vraiment supérieur lui vint par Chassériau. Son admiration, sa gratitude avouée pour celui-ci, ne se démentirent d'ailleurs jamais, et nous en avons eu les témoignages les plus touchants.

La *Pietà* de la cathédrale d'Angoulême se ressent surtout de l'étude des maîtres, de van Dyck, par exemple, et il existe pour ce tableau des études d'atelier datées de 1849. L'influence de Chassériau — l'aîné de sept ans à peine — se fit sentir alors que ce dernier venait de terminer ses décorations du grand escalier de la Cour des Comptes, son œuvre capitale (1848). Les deux artistes habitaient avenue Frochot, et il ne se passait pas de jour sans que Chassériau ne visitât Moreau. Mais, Chassériau disparaissant en 1857, Moreau prouve, cinq ans après [2], que l'originalité de ses conceptions tranchait plus que ne l'avaient jamais fait celles de son jeune maître sur les traditions classique et romantique.

L'art de Moreau ne fut pas accueilli avec faveur par l'opinion qui faisait alors loi et dont on peut dire que tous ses jugements ont été réformés depuis. Il faut voir là la simple raison de l'écart où le peintre se confina graduellement ; mais cet isolement ne fut pas sans coûter à sa nature expansive et

1. Un portrait peint par Ricard, vers 1868, et une charmante ébauche par M. Degas sont conservés dans la chambre mortuaire de Gustave Moreau.
2. J'ai légèrement altéré p. 13 la date du voyage de Moreau en Italie ; ce voyage dura d'octobre 1857 à septembre 1859.

17

brillante ; il fallut, pour qu'il s'en fît une règle de plus en plus stricte, que le travail se saisît de lui avec un despotisme à peu près sans exemple. L'incroyable accumulation de documents qu'il n'a cessé de compiler fait de lui l'artiste du siècle qui a remué le plus de combinaisons plastiques.

Jusqu'à la mort de sa mère (1884) — ce fut pour lui une heure de crise terrible, — Gustave Moreau vécut près d'elle, dans le petit hôtel de la rue de La Rochefoucauld qu'il devait faire agrandir douze ans après. Le commerce de quelques fidèles et intelligentes amitiés fut l'ornement de sa vie ; il en est deux qui lui furent précieuses et qu'il paya grandement de retour : celle d'Élie Delaunay et celle de Fromentin. Delaunay, dont l'art fut si fin et si fort, était par instinct en complète entente avec cet ardent ami, dont il admirait la naturelle fécondité ; Fromentin, artiste stérile, homme de grand goût, apportait dans le trio le charme de sa sensibilité cultivée et de son ondoyante critique... Enfin, une affection plus prochaine, affection survivante, dont l'abnégation est aujourd'hui exemplaire devant le devoir qui lui incombe de servir dignement la mémoire et la gloire du défunt, a été comme un fraternel et constant soutien pour la tendre nature de l'artiste solitaire.

Gustave Moreau fut médaillé aux Salons de 1864, 1865 et 1869. A l'Exposition universelle de 1878, où il présentait un magnifique ensemble de tableaux et d'aquarelles, il n'obtint des jurés officiels qu'une médaille de seconde classe, tant étaient fortes les préventions académiques contre l'indépendance de cet art réfléchi. Fait chevalier de la Légion d'honneur en 1875, Moreau fut promu officier en 1883. Puis, l'Académie des Beaux-Arts l'élut en 1888, et la direction d'un des ateliers de l'École des Beaux-Arts, laissée vacante par le décès d'Élie Delaunay, lui était confiée en 1892.

Gustave Moreau mourait à Paris, le 18 avril 1898. Son testament institue, on le sait, un legs de cent mille francs à l'Académie des Beaux-Arts ; cette somme est destinée à la fondation d'un prix triennal attribuable « à l'œuvre d'art la plus remarquable en peinture, sculpture, architecture, musique ou gravure produite pendant ce laps de temps. » Un legs de vingt mille francs est fait à la Société Taylor.

Voici, d'autre part, en quels termes Gustave Moreau disposait de ses œuvres :

« Je lègue ma maison, sise 14, rue de La Rochefoucauld, avec tout ce qu'elle contient, peintures, dessins, cartons, etc., travail de cinquante années, comme aussi ce que renferment, dans ladite maison, les anciens appartements occupés par mon père et ma mère, à l'État, ou, à son défaut, à la Ville de Paris, ou, à son défaut, à l'École des Beaux-Arts, ou, à son défaut, à l'Institut de France (Académie des Beaux-Arts), à cette condition expresse de garder toujours — ce serait mon vœu le plus cher — ou, du moins, aussi longtemps que possible, cette collection, en lui conservant ce caractère d'ensemble qui permette de constater la somme de travail de l'artiste pendant sa vie.......»

L'inventaire des œuvres de Moreau contenues dans l'hôtel a donné les chiffres suivants :

Peintures de toute sorte : 797 ;

Aquarelles : 349 ;

Dessins et calques : plus de 7.000 ;

23 cartons de calques divers, etc.

Dans cet immense *archivium*, l'ordre est aujourd'hui parfait ; les deux ateliers superposés sont prêts à devenir ces lieux de méditation ou de recherches ; les dessins s'offrent d'eux-mêmes pour ainsi dire, à l'étude. On ne saurait trop remercier M. Henri Rupp du classement méthodique et ingénieux qu'il a introduit parmi cette myriade de documents.

II

ES amateurs parisiens qui se sont partagé les œuvres achevées de Gustave Moreau furent presque tous connus de lui ; c'est sur leur demande affectueuse, sinon sur leur indication précise, que l'artiste se mettait à l'ouvrage. Il cédait à leurs sollicitations, gaiement, et la promesse faite à tel ou tel d'entre eux, sans entamer son indépendance, l'a peut être souvent rendu plus sévère pour sa fantaisie et contraint de fixer son choix parmi tant d'esquisses d'égal prix.

La plupart furent ses dévoués amis, ses visiteurs assidus, et goûtèrent la jouissance de cette intimité dont il était si avare. En tête de ceux-là, il est juste de citer M. Charles Hayem, pour le désintéressement dont il a donné l'exemple. Collectionneur au goût éclectique et sûr, celui-ci rassembla chez lui une vingtaine de morceaux de choix, tous caractéristiques du style de Moreau, et mit à les faire discrètement connaître son légitime orgueil. A la mort du peintre, fidèle à un engagement bénévole que tous ignoraient et auquel Moreau dut être grandement sensible, M. Hayem remettait ce beau dépôt à l'État, et le musée du Luxembourg, où seule la *Tête d'Orphée* représentait la poésie pénétrante du maître, se trouvait pourvu d'une sélection variée de son art. Ainsi sont entrés dans les collections nationales : la grande aquarelle dite l'*Apparition*, le *Phaéton*, la *Bethsabée*, l'*Amour et les Muses*, la *Péri*, l'*Enlèvement d'Europe*, la *Déposition de croix*, etc.

Des groupements d'œuvres non moins importants ont été constitués par MM. Duruflé, Antoni Roux, Alfred Baillehache. M. Duruflé, à côté d'un admirable *Diomède*, possède une série précieuse de camaïeux et de sépias. M. Roux fut particulièrement heureux dans l'initiative qu'il prit d'ouvrir les *Fables* de La Fontaine au peintre : il possède, en outre des soixante-cinq aquarelles de cette famille, l'*Oreste*, le *Moïse*, le *Voyageur et le Sphinx*, etc., ensemble plus de quatre-vingt-dix œuvres achevées. Dans un goût aussi sûr, M. A. Baillehache a réuni, autour d'un grand *Saint Georges au dragon*, un *Saint Sébastien*, une *Sainte Cécile*, une *Pasiphaé*, un *Sphinx deviné*, les *Sirènes*, une variante de la *Galatée*, etc.

Sous réserve des ventes ou transmissions qui peuvent avoir eu lieu récemment et sans suivre nullement un ordre de mérite, voici quelques indications sur l'état des œuvres dispersées.

Le grand *Œdipe*, acheté primitivement par le prince Jérôme Napoléon, est aujourd'hui la propriété de M. Herimann, de Rome.

Après de longues stations chez des intermédiaires, le *Jason et Médée*, fut acquis par M. Charles Ephrussi et *Le Jeune Homme et la Mort* par M. Albert Cahen (d'Anvers).

M. Louis Mante, de Marseille, possède la grande *Salomé* et l'*Hercule et l'Hydre de Lerne*, ainsi qu'une *Sainte Cécile* ;

M. Taigny, la *Galatée*, etc. ;

M. Jules Beer, l'*Hélène* et *L'Automne ;*

Mme Humbert, le *David méditant ;*

M. Léopold Goldschmidt, la *Sémélé,* une *Pietà,* etc. ;

M. Bessonneau, d'Angers, le *Poète indien.*

Ajoutons enfin les noms de quelques possesseurs de variantes très prisées ou de pièces isolées : MM. Chauffard, Lepel-Cointet, Martin-Leroy, Peytel, Straus, etc. ; MM^mes Bartet, Ditte, Raffalovich, Singer, etc.

Je me fais un devoir d'adresser ici l'expression de ma vive gratitude aux divers collectionneurs qui m'ont permis de publier quelques-uns de leurs trésors et m'ont aidé de renseignements fidèles, notamment à MM. Antoni Roux et Bail-lehache.

III

E N dehors des tableaux de débutant (*Chevaux sortant de l'écurie,* etc.), conservés au musée Moreau, nous signalerons un curieux *Jugement de Pâris* (à M. Bessonneau, d'Angers), composition très peuplée et riche en épisodes, traitée dans le goût de l'école de Fontainebleau ; — plusieurs sujets tirés de Shakespeare, singulièrement imités des compositions similaires de Delacroix et de Chassériau ; — enfin, une suite de quatorze tableaux non signés, perdus au fond de la province française et qu'un heureux hasard nous a permis d'identifier.

Il s'agit d'un Chemin de Croix exécuté, vers 1862, pour une église moderne de l'Aveyron, l'église de Decazeville ; et les circonstances mêmes dans lesquelles Moreau entreprit ce travail ont une certaine étrangeté.

L'important centre minier et métallurgique qui prit, dès 1830, le nom de Decazeville, fut artificiellement créé en rase campagne vers cette date. La ville, sortie de terre, se bâtissait bientôt une première église et, pour décorer celle-ci, M. C..., intéressé à la prospérité du pays et d'ailleurs amateur d'art distingué, cherchait à Paris un jeune artiste capable de fournir au sanctuaire un Chemin de Croix honorable. C'est chez Fromentin que M. C... rencontra Gustave Moreau ; or, celui-ci, sans en être sollicité et sans se proposer ouvertement, exécutait aussitôt la tâche et — contre une somme dont la modicité ferait exclamer nos lecteurs — livrait bientôt à M. C... les quatorze Stations terminées. Mais il posait une condition : l'œuvre, non signée, devait rester anonyme ; le nom de l'auteur ne devait pas être révélé ; il s'estimait, disait-il, heureux de l'avoir menée à bien pour des motifs personnels et dans un sentiment dont il ne devait compte à personne.

Sans les renseignements personnels que nous a communiqués M. C... lui-même, nous aurions été portés à fixer la date d'exécution aux années 1853 ou 1854. La direction de Chassériau est évidente dans les envois de Moreau au Salon de 1853 (*Le Cantique des cantiques,* aujourd'hui au musée de Dijon, et surtout *La Mort de Darius,* G. M.) et à l'Exposition Universelle de 1855 (*Les Athéniens au Minotaure,* au musée de Bourg-en-Bresse). Nous aurions d'instinct rapproché de ces envois l'œuvre de Decazeville. Mais, nous le répétons, la date de 1862, à quelques mois près, doit faire loi. Moreau travaillait alors à son grand *Œdipe,* qui fut exposé au Salon de 1864, et sans doute l'exécution du Chemin de Croix fut pour lui un délassement spirituel.

Dans les toiles de Decazeville, l'influence de Chassériau est encore bien sensible, et cependant tout l'art de Moreau y est en puissance. Il n'y a pas de différence foncière, quant à l'aisance du style et au primesaut de la composition, entre ces quatorze images religieuses de la trente-sixième année et tel sujet du même ordre datant des derniers temps. On nous rapporte que le coloris est d'une grande opulence, et nous le croyons sans peine : Delacroix, par l'intermédiaire de Chassériau, préoccupa vivement Moreau à ses débuts. Mais ce qui fait certainement le charme de ce chapelet d'œuvres, c'est la qualité du sentiment dont les saintes figures sont imbues sans aucun souci de ritualisme vulgaire. Plusieurs des Stations ont pour cadre ces paysages rocheux où il se complut de si bonne heure, où il vivait en peignant l'Œdipe, et une teinte d'exotisme oriental y renouvelle discrètement la tradition iconographique ; l'onction, la mélancolie propres à Chassériau sont d'ailleurs partout assimilées et portées à leur expression la plus rare.

Rapidement exécutés — en trois ou quatre jours, Moreau improvisait, paraît-il, une de ces toiles, — les quatorze tableaux mesurent uniformément 0m80 de largeur sur un mètre de haut. Deux d'entre eux ont subi des détériorations assez graves. Nous rappelons que l'œuvre n'est désignée au respect par aucun nom.

IV

Dans le projet présenté en 1874 par le marquis de Chennevières pour la décoration de Sainte-Geneviève, les deux chapelles des bras de la croix, considérées comme hors d'œuvre, devaient être confiées, celle de la Vierge à Gustave Moreau, celle de Sainte-Geneviève à Jean-François Millet, le peintre de l'Angelus. « Gustave Moreau, rapportent les Souvenirs d'un Directeur des Beaux-Arts [1], se récusa, bien à tort, en alléguant sa trop grande inexpérience de la peinture décorative. Il eût, dans cette chapelle isolée et bien à lui, et où je lui avais laissé, comme à J.-Fr. Millet, la plus entière liberté de sujet et de composition, donné essor à toutes les qualités d'invention raffinée et mystique qui sont le charme de son noble esprit. »

En 1894, l'État commandait à Gustave Moreau le carton d'une tapisserie destinée à être exécutée sur les métiers de la Manufacture des Gobelins. La tenture représentant Le Poète et la Sirène figurera à l'Exposition Universelle de 1900. Carton et tenture prendront place ensuite au musée du Luxembourg.

J'ai parlé des artistes qui ont interprété en émail de grand feu les compositions spécialement ordonnées par Moreau pour être traduites par cet incomparable procédé : je dois citer ici les noms de MM. de Courcy et Paul Grandhomme ; ce dernier a vraiment pénètre toutes les délicatesses du maître.

1. Publiés dans L'Artiste, 1885.

TABLE DES MATIÈRES

TABLE DES GRAVURES

GRAVURES HORS TEXTE

GRAVURES DANS LE TEXTE

PARIS. — IMPRIMERIE GEORGES PETIT, 12, RUE GODOT-DE-MAUROI

www.ingramcontent.com/pod-product-compliance
Lightning Source LLC
Chambersburg PA
CBHW050003100426
42739CB00011B/2486